Winfried Kretschmann

Reiner Wein

Winfried Kretschmann

Reiner Wein

Politische Wahrheiten in Zeiten knapper Ressourcen

Im Gespräch mit Johanna Henkel-Waidhofer
und Peter Henkel

HERDER

FREIBURG · BASEL · WIEN

FSC
www.fsc.org
MIX
Papier aus verantwortungsvollen Quellen
FSC® C083411

www.herder.de

Satz: Barbara Herrmann, Freiburg
Herstellung: CPI – Clausen & Bosse, Leck

Printed in Germany

ISBN 978-3-451-33269-2

Inhalt

Vorwort

In der öffentlichen Wahrnehmung sind Politik- und Politikerverdrossenheit hierzulande schon längst nicht mehr voneinander zu trennen. Mit unschöner Regelmäßigkeit enttäuschen Akteure übrig gebliebene Erwartungen, die Euro- und Schuldenkrise verunsichert und weckt Ängste, die Medien sehen sich notorisch dem Vorwurf kurzatmiger Oberflächlichkeit und selbstsüchtiger Sensationsmacherei ausgesetzt.

Vor diesem Hintergrund ist der Gedanke eines Interview-Buchs mit Winfried Kretschmann besonders reizvoll. 16 Monate ist er zum Zeitpunkt der Gespräche als weltweit erster Regierungschef der Grünen Ministerpräsident in Baden-Württemberg. Der 64-Jährige verfügt über hohes Ansehen, seine persönliche Integrität gilt als sein großer Pluspunkt. Allgemein anerkannt wird auch, dass er etwas zu sagen hat, dass er politisches Handeln immer an grundsätzliche und manchmal sehr eigenwillige Überlegungen zu koppeln versucht und dass sein Blick auf die politische Praxis auch nach mehr als drei Jahrzehnten im Politikbetrieb nicht der des längst betriebsblind gewordenen Routiniers ist.

Wir treffen den Ministerpräsidenten in der Villa Reitzenstein, seinem Amtssitz hoch über der Landeshauptstadt. Ein großzügiger Park grenzt an den eindrucksvollen dreigeschossigen Bau, das hundert Jahre alte

Geschenk eines reichen Stuttgarter Verlegers an seine Tochter. In seinen Verwendungszwecken spiegelt sich dieses Jahrhundert deutscher Geschichte: nach dem Ersten Weltkrieg Lazarett für Offiziere, danach Sitz des württembergischen Staatspräsidenten, dann für zwölf Jahre der Gauleitung der Nazis; und schließlich, seit 1953, der Regierungschefs der durch die Fusion dreier Länder entstandenen Nachkriegs-Neugründung Baden-Württemberg.

Auf dem Balkon mit Blick ins zur Stadt hin abfallende Grüne präsentiert sich der einstige Oberstudienrat Kretschmann als ein Amtsinhaber in der Balance zwischen vorwärtsdrängend und in sich ruhend. Vor allem aber gibt sich der Hausherr gänzlich unprätentiös: Dass ihm, dem Pflichtmenschen mit der verschlungenen politischen Biographie vom Mao-Anhänger zum frommen Spitzen-Grünen, die Insignien der Macht weitgehend gleichgültig sind, ist mit Händen zu greifen. Was ihn hingegen nach fast eineinhalb Jahren in einem strapaziösen Amt spürbar umtreibt, sind einige zentrale, die Grenzen seines Landes weit überschreitende Herausforderungen: Energiewende, Ökologisierung der Wirtschaft, Haushaltssanierung, Bürgergesellschaft. Und wie sie in Zeiten knapper Ressourcen so zu bewältigen sind, dass Freiheit nicht Not zu leiden beginnt.

Lebhafter und lauter als sonst wird der Chef einer grün-roten Landesregierung, deren diskrete Konflikte und Defizite überstrahlt werden von der Beliebtheit ihres Anführers, bei drei weiteren Themen. Da ist erstens Stuttgart 21, das nach wie vor stockende, von ihm immer bekämpfte Projekt des milliardenteuren unterirdischen

Bahnhofs. Zweitens Glaubenssachen: Da wird der meist so gelassene katholische „Moses aus Sigmaringen", wie *Die Zeit* ihn taufte, emotional. Und schließlich muss sich auf temperamentvolle Reaktionen gefasst machen, wer Kretschmanns libertäres Freiheitspathos konfrontiert mit sozialpolitischen Einwänden, die er als Ausflüsse überholten Umverteilungsdenkens wahrnimmt.

Auf eines konnten sich seine Gesprächspartner immer verlassen: Dass Winfried Kretschmann reinen Wein ausschenkte.

Stuttgart, im September 2012

Brigitte Johanna Henkel-Waidhofer
Peter Henkel

Kapitel I

Vorurteile, Urteile und warum Politiker nicht vorrangig Vorbilder sein sollen

Herr Ministerpräsident, zum Beginn, zum Aufwärmen sozusagen, einige Stereotype, die immer wieder zu hören sind. Das erste: Winfried Kretschmann ist ein konservativer Grüner, der auch gut in der CDU sein könnte, so eine Art Erwin Teufel mit ökologischem Anstrich.

Das ist Blödsinn. Das Zentrum der CDU liegt ganz anderswo als das der Grünen. Natürlich gibt es wichtige Gemeinsamkeiten, etwa die von Teufel geteilte Überzeugung vom hohen Rang des Subsidiaritätsprinzips, also der Lösung von Problemen immer möglichst nahe an den jeweils Betroffenen. Aber insgesamt sind wir eine von der CDU höchst differente Partei. Unser Markenkern ist die Nachhaltigkeit. Das kann man von der CDU nicht sagen – und von der SPD auch nicht. An diesem Thema Nachhaltigkeit arbeiten wir von Anfang an, also seit mehr als drei Jahrzehnten. Ich begegne diesem Klischee, ich sei ein konservativer Grüner, unentwegt. Ich lebe einfach damit.

Nummer zwei: Winfried Kretschmann ist bieder und humorlos.

Meine biederen Ecken habe ich, jedenfalls in den Augen von Menschen, die bestimmte Dinge für bieder halten, zum Beispiel Wandern über die Schwäbische Alb oder Heimwerken. Ich habe eine richtige Werkstatt, die ich gerade aufgeräumt und neu sortiert habe. Und als ich kürzlich eine alte Tischtennisplatte zersägt und daraus einen fahrbaren Tisch gemacht habe, hat mir das großen Spaß gemacht, vor allem, weil ich dabei meine Lieblingsoper gehört habe, *Figaros Hochzeit*. Die Zeitlosigkeit des Genies Mozart ist atemberaubend. Und als ich fertig war mit dem Tisch und dem Aufräumen, habe ich mir gedacht: So, jetzt könnte ich das Ganze noch drei Mal hören. Mag sein, dass das bieder ist. Das nehme ich mit einem Schulterzucken zur Kenntnis. Oder dass ich sehr selten Urlaub im Ausland mache, weil ich nun mal lieber daheim bleibe. Und dass ich humorlos wäre, das weise ich natürlich ganz energisch zurück.

Das dritte ist die Abstempelung als Autogegner, wegen Ihrer Aussage gleich nach Amtsantritt, weniger Autos seien besser als mehr, die aber seinerzeit Ihren bundesweiten Bekanntheitsgrad erheblich erhöht haben dürfte.

Die ersten Reaktionen darauf waren irritierend. Es war eine neue Erfahrung, was dieser Halbsatz – mehr war es ja nicht, und ich hatte ihn bis dahin sicher schon hundert Mal gesagt, ohne dass ein Hahn danach gekräht hätte – mit dem neuen Amt für ein neues Gewicht bekam. Zurückgenommen habe ich ihn nie. Dafür gab und gibt es auch keinen Grund, an diesem Halbsatz ist ja überhaupt nichts falsch. Wie sollen wir denn anders von diesen ewigen Staus wegkommen? Der Bau von S-Bahnen, den wir betreiben und verstärken, hat doch genau das zum Hintergrund. Wir müssten keine S-Bahnen bauen ohne die Überzeugung, dass es richtig und notwendig ist, dass immer mehr Menschen umsteigen. Und wenn das genügend Menschen machen, dann gibt es logischerweise weniger Autos. Ich habe die Wirkung, ehrlich gesagt, nicht bedacht und auch nicht vorausgesehen, dass dieser Zusammenhang ignoriert wird. Stattdessen ist die Äußerung skandalisiert worden. Jedenfalls stand drei Tage später der Chef des bedeutendsten Autokonzerns des Landes in meinem Büro und sprach von der Vision „zero emission“. Und ich habe gesagt: Auf dieser Basis können wir uns finden.

Insgesamt bereuen Sie diesen Satz also nicht, sondern ziehen eher ein positives Fazit?

Es ist eine republikweite Debatte angestoßen worden. Ich freue mich, wie oft heute gesagt wird, dass wir andere Autos brauchen. Schließlich ist es eine Tatsache, dass die Zahl der Autos weltweit noch lange zunehmen wird. Das war eigentlich meine Hauptbotschaft, und die ist angekommen. Und die Aufmerksamkeit, die ich erregt habe, hat mir gleich noch die Gelegenheit gegeben, für die Ökologisierung der Wirtschaft zu werben. Diese Botschaft ist ja offenbar auch angekommen, wenn Arbeitgeberpräsident Dieter Hundt beim Unternehmertag sagt: Herr Ministerpräsident, Sie haben unsere volle Unterstützung der ökologischen Modernisierung der Wirtschaft. Am Ende war der Halbsatz also höchst förderlich, um diese Debatte ins Zentrum der Wirtschaft zu tragen. Das habe ich intensiv, auf vielen Veranstaltungen und bei sehr vielen Gesprächen gemacht. Und das ist sehr gut gelungen.

Skandalisierung gehört zum Politikbetrieb. Auch Sie haben sicherlich als Oppositionspolitiker 30 Jahre lang auf plakative Sätze oder Halbsätze reagiert, ohne sich um den Kontext zu kümmern.

Das bestreite ich. Meine Pressemenschen können ein Lied davon singen, dass ich mich immer gewehrt habe, auf einzelne Äußerungen zu reagieren. Ich wollte immer den Zusammenhang kennen und mitberücksichtigen. Da hat es sehr oft geheißen: Das geht nicht, denn wer nicht zuspitzt und rasch auf dem Markt ist mit seiner Wortmeldung, kommt zu spät und wird uninteressant. Ich habe es trotzdem selten gemacht. Und dafür reichlich böse Blicke von meinen Presseleuten abbekommen. Diese Skandalisierung beunruhigt mich. Denn auch von dort kommt das Unbehagen der Bürger gegenüber den Politikern. Dieser Hang zur Echtzeitkommentierung kann zu nichts Gutem führen. Wer sich informiert, berät und nachdenkt, bevor er reagiert, der wird der Aktion und den Akteuren gerechter.

Welche Bedeutung haben Mut und Instinkt in diesem Zusammenhang?

Mut ist eine Kardinaltugend, gerade in Bezug auf politisches Handeln. Natürlich habe ich einen politischen Instinkt entwickelt, und ich bin auch nicht so naiv, wie manche Nachrichtenmagazine glauben. (Anm.: Der

„Spiegel“ hatte im Sommer 2011 ein Porträt über Kretschmann mit der Überschrift „Der Naive“ versehen.) Aber vor allem spielt Erfahrung eine zentrale Rolle, also das Wissen, was geht und was nicht. Und dann rutscht einem doch wieder etwas raus. Zum Beispiel habe ich auf die Frage, was sich in meinem Leben verändert hat, unter anderem gesagt: Wenn früher daheim gebaut wurde, dann war ich auf der Baustelle, und das ist jetzt nicht mehr so, entsprechend fallen die Rechnungen aus. Das war eine flapsige Bemerkung. Prompt gab's Aufruhr bei den Handwerkern.

Provozieren Sie mit Absicht? Oder nehmen Sie es nur hin, wenn sich Menschen provoziert fühlen?

Ich nehme es hin. Ich will weder kokettieren noch provozieren oder gar verletzen. Aber wenn Politiker nur noch gestanzte Phrasen von sich geben, aus Angst, jemanden zu kränken oder zu beleidigen oder Missverständnisse zu produzieren, dann ist das nicht weniger abträglich als diese Echtzeitkommentierung.

Sie stellen sich Woche für Woche einer Journalistenschar, die Sie – eine baden-württembergische Besonderheit – mit Fragen aller Art konfrontiert. Begibt sich, wer sich flapsige Bemerkungen nicht grundsätzlich verbietet, da in eine besondere Gefahr?

Das ist ein schwieriges Feld. Ich versuche mich einerseits zu kontrollieren und andererseits eben gerade nicht mit Phrasen zumindest zu langweilen, wenn nicht sogar alle abzutörnen. Ich hadere mit dieser Runde etwas, nicht weil ich mich nicht befragen lassen möchte, sondern weil ich manchmal das Gefühl habe, dass so lange gebohrt wird, bis mir etwas Skandalisierendes entlockt wird. Wir haben in der Regel einmal in der Woche eine Kabinettsitzung und ich will in der Regel einmal in der Woche informieren. Das ist ein sehr ernsthafter Vorgang, und ich will dem in einer unverstellten Sprache gerecht werden.

Da kommt der Lehrer im Regierungschef durch.

Was ja nicht das Schlechteste ist. Ich hatte in den vielen Jahren im Landtag sehr viel Kontakt mit Besuchergruppen. Ich bin da immer gut angekommen, weil ich versucht habe, mir vor den Gesprächen klarzumachen, was die Besucher überhaupt verstehen können. Warum soll ich einem Achtklässler das Stichwort Plenarsitzung an den Kopf werfen? Nur um zu zeigen, dass ich von Dingen reden kann, die andere nicht blicken? Einem Achtklässler sagt der Begriff Plenarsitzung gar nichts. Also muss ich mich anders ausdrücken, und das heißt: klar und verständlich. Das habe ich mir sehr früh zum Prinzip gemacht. Man kann Achtklässlern alles erklären, oder besser: Man kann alles altersgerecht erklären, sogar die Relativitätstheorie.

Wir hören.

Ich kann das nicht. Aber es gibt Menschen, die das können.

Was erläutert der baden-württembergische Ministerpräsident den Menschen besonders gern?

Das Subsidiaritätsprinzip. Und daraus folgend, dass wir das Verhältnis von Staat, Markt und Bürgergesellschaft – so etwas wie ein magisches Dreieck – neu ordnen müssen. Ich denke ohnehin gern in Dreiecken. Der Erhalt der natürlichen Artenvielfalt, des Wirkungsgefüges der Natur, das war für mich entscheidend, die Grünen mitzugründen. Da geht es um das Zusammenspiel von Landwirtschaft, Naturschutz und Tourismus. Menschen wollen schöne, abwechslungsreiche Landschaften sehen, in denen sie sich erholen können. Diese Landschaften sind durch Agrikultur erst entstanden. Aber nur eine ökologische Landwirtschaft erhält sie und produziert zugleich gesunde und schmackhafte Lebensmittel. Kommen sie aus der Region, fördern wir diese Landwirtschaft. Und wenn das nicht reicht, muss die Förderung vom Staat dazukommen. Nur in einem solchen Dreieck kann sich der Wunsch nach schöner Natur auch auf Dauer erfüllen, weil Wertschöpfung entsteht. Kaum jemand weiß übrigens, dass in Baden-Württemberg mehr Menschen im Fremdenverkehrsbereich beschäftigt sind als in der Fahrzeugindustrie.

Wenn Sie so reden, fangen Konservative an, von Volksbeglückung durch einen sich in alles einmischenden Staat zu reden.

Es ist doch klar, dass wir in einem freien Gemeinwesen jedem Einzelnen überlassen, die Frage nach dem guten Leben für sich zu beantworten. Es ist aber zugleich gute grüne Tradition, die Frage nach einem nachhaltigen Lebensstil politisch zu thematisieren. Ohne klare, verständliche, natürlich auch nachvollziehbare politische Ziele kann man sinnvoll keine Politik machen.

Kommt es dabei mehr auf Positionen oder auf Personen an?

Das ist nicht so einfach zu beantworten. Wir haben in Deutschland die Tradition von Programmparteien und einer stabilen Parteiendemokratie, in der Positionen wichtig und unterscheidbar sind. Jetzt wird die Welt aber immer komplexer, und die Globalisierung führt dazu, dass es immer schwieriger wird, Dinge zu lösen. Kaum mehr durchschaubare Verhandlungen unter x Ländern sind notwendig, um tragfähige Kompromisse zu erzielen. Wer kann diese komplizierten Sachverhalte noch durchschauen? Bei der Eurokrise und dem, was dagegen unternommen wird, ist das vielleicht ein Promille der Bevölkerung. Das sage ich nicht überheblich, sondern als Realist. In einer solchen Entwicklung ist die Demokratie stärker als früher darauf angewiesen, dass Personen Positionen vermitteln. Die Leute schauen mehr auf Personen und auf deren Haltung, Habitus, Glaubwürdigkeit. Deshalb geht der Trend auch bei uns stärker ins Präsidiale.

Besorgt Sie das?

Ja. Weil die Gefahr zu groß wird, dass Demokratiedefizite entstehen. Jetzt in der Krise agieren in Brüssel Regierungen, sehr häufig auch nur die Regierungschefs, allein untereinander. Diese intergouvernementale Praxis hat die Kommission und das Parlament an den Rand gedrängt. Wenn sich das einschleift, statt dass man da wieder herauskommt, wird es gefährlich. Auf dieser Grundlage kann das europäische Haus nicht weitergebaut werden. Jedes politische System, die direkte Demokratie der Schweiz, das präsidiale System in Frankreich oder das parlamentarische bei uns, hat Vor- und Nachteile. Aber politische Strukturen dürfen sich nicht von der Verfassungsordnung weg entwickeln. Deshalb sind gemischte Verfassungen der Königsweg. Die „Verpräsidialisierung" birgt zudem zwei Gefahren: Erstens reißt das Moralisieren in der Politik ein, denn Personalisieren bringt Moralisieren mit sich. Zweitens werden Politiker in die Rolle von Vorbildern gedrängt. Davon halte ich aber wenig.

Politiker sollen keine Vorbilder sein?

Meine Aussage lässt sich nicht einfach umdrehen. Gewiss haben Politiker auch Vorbildcharakter oder können einen solchen im Amt entwickeln. Aber zu allererst sind sie da, um Probleme zu lösen. Und ob sie das können oder nicht, ist keine Frage ihres Lebenswandels. George Bush war ein wiedererweckter frommer Christ und Bill Clinton trieb es mit einer Praktikantin – über die Qualität ihrer Außenpolitik sagt das aber gar nichts. Politik unterliegt einer Folgenethik, es zählen Ergebnisse. Es ist eine gute Tradition bei uns, dass wir nicht herummoralisieren, sondern die Programmatik der Parteien betrachten und zugleich schauen, ob deren Vormänner und -frauen das hinbekommen, was das Programm verspricht.

Ihre Partei war und ist gegen Massentierhaltung, und Sie haben auf der Hühnerfarm Ihrer Schwiegereltern ausgeholfen.

Ja, so ist das Leben. Es wäre ja geradezu unmenschlich, wie in diesem Fall Menschen, die das ganze Jahr schwer arbeiten, diese eine Woche Urlaub unmöglich zu machen. Da soll ich mit dem Programm meiner Partei kommen? Ich bin da hinein zu den Tieren und habe das gemacht. Und habe nachher noch viel besser gewusst als vorher, warum ich dagegen bin.

Es gibt schwerwiegende Verfehlungen. Wenn ein Politiker Jahre zuvor seinen Doktortitel erschwindelt hat, gibt es auch keinen sachlichen Zusammenhang zu seiner Aufgabe als Verteidigungsminister – und doch muss er zurücktreten.

Alles hat halt seine Grenzen und muss seine Grenzen haben, und natürlich darf niemand seinen Doktor erschwindeln. Einen Doktortitel zu erlangen, ist schließlich ein öffentlicher Akt. Aber wer will die Grenze ziehen, wenn ein Politiker gesellschaftspolitische Forderungen erhebt, denen er selber nicht gerecht wird? Wenn wir uns immer wieder erlauben, in solchen Fällen zu urteilen, dann kommt dieses Dauermoralisieren heraus. Die Menschen lügen alle, das steht schon im Psalm. Wenn wir an Politiker hochgestochene Ansprüche stellen, dann kann das nur nach hinten losgehen. Rezzo Schlauch ist mal mit Tempo 180 in eine Radarfalle gefahren. Ein grüner Politiker, wo die Grünen doch Tempo 100 fordern! Die Aufregung war groß. Aber welche Rolle spielt das für die Frage, ob Tempo 100 richtig und sinnvoll ist aus ökologischen Gründen oder für die Sicherheit? Gar keine. Das muss man sehen, und das muss man auch den Leuten erklären.

Wer Wasser predigt, soll gefahrlos Wein trinken können?

Darum geht es nicht. Es geht darum, Argumente für richtiges Handeln kritisch zu prüfen und sie nicht danach zu beurteilen, von wem sie kommen. Natürlich sind alle frei, sich Moralapostel zu wählen. Aber besser ist es, wenn sie auf die Sache schauen, auf das Problem und darauf, was für das Gemeinwohl das Wichtige und Richtige ist.

Da liegen Heuchelei oder Doppelmoral aber gefährlich nah. Nach landläufiger Meinung muss zurücktreten, wer bei einem schwereren Vergehen – auch in seiner privaten Sphäre – erwischt wird.

Ich bin ohnehin kein Freund von Rücktrittsforderungen. Schon gar nicht wegen irgendwelcher Differenzen zwischen dem, was jemand politisch sagt, und dem, was er privat tut.

In Ihren langen Oppositionsjahren haben Sie niemals einen Rücktritt gefordert?

Ich müsste mich sehr täuschen, aber ich glaube, keinen einzigen.

Dennoch gibt es einen weit verbreiteten Konsens, wonach öffentliches Reden und privates Handeln nicht zu sehr auseinanderklaffen dürfen. Die Politik ist ja auch deshalb in Misskredit, weil zu oft eben dieser Eindruck entsteht.

Natürlich erscheint das einleuchtend. Aber immer nur auf den ersten Blick. Ich sage in jeder zweiten Rede, dass Vertrauen die wichtigste und knappste Ressource der Politik ist. Selbst so etwas Kaltes wie die Finanzmärkte können ohne Vertrauen nicht funktionieren. Aber mir ist vor allem wichtig, dass die Leute den demokratischen Institutionen vertrauen. Ich weiß, dass das nicht von Personen zu trennen ist. Aber die Institutionen stehen für mich im Vordergrund. Am Bundesverfassungsgericht wird das am besten deutlich: Es genießt ein riesiges Vertrauen in der Bevölkerung, unabhängig von der Person des Präsidenten, die nur sehr Interessierte überhaupt kennen. Das liegt gerade an seinen anerkannten Sachentscheidungen. Dass notorische Rechtsbrecher für das Amt des Richters ungeeignet sind, versteht sich von selbst.

Kapitel II

Der Kretschmann-Kult, das Private und die Lüge in der Politik

Nach etwas mehr als einem Jahr im Amt bekommt der erste grüne Regierungschef der Welt bei der jüngsten Meinungsumfrage von seinen baden-württembergischen Landsleuten Bestnoten: eine Rekordquote von 78 Prozent Zustimmung. Winfried Kretschmann gilt als sehr anderer Politiker, er ist Kult. Wie erklären Sie sich das?

Alle Änderungen in der Politik beginnen mit Stilfragen. Der Kontrast zu meinem Vorgänger Stefan Mappus ist groß und wird offenbar auch so empfunden. Dieser Gestus des „Wir wissen alles und vor allem alles besser" liegt mir als altem Skeptiker nun mal nicht so. Deswegen glaube ich, dass dieser Kontrast den Wechsel zusätzlich deutlich macht. Und dass die Menschen angesichts von tiefen Krisen, die sie erheblich beunruhigen, jemanden an der Spitze wollen, von dem sie den Eindruck haben, dass er besonnen reagiert; dass er Dinge durchdenkt. Und vor allem auch, dass er versucht, mit ihnen zusammen den schwierigen Weg zu gehen, den Demokratie bedeutet. Außerdem spielt da wohl eine Sehnsucht nach jemandem mit, der jenseits steriler Aufgeregtheiten der Tagespolitik und der nur taktischen, parteipolitisch motivierten Rituale eine Leidenschaft zur Sache erkennen lässt. Diese Leidenschaft zur Sache wird von den Leuten wohl geschätzt, und auch meine lange politische

Erfahrung. Aber eigentlich müssten Sie diese Frage anderen stellen, nicht mir.

Umgekehrt ließe sich aber auch sagen, dass in Krisenzeiten speziell Tatkraft und Entscheidungsstärke verlangt werden, also etwa ein Politiker vom Typ Helmut Schmidt.

Der hat sich in besonderen Krisen besonders bewährt, beim Hochwasser in Hamburg oder gegenüber dem Terrorismus. Da musste in höchst prekären Situationen schnell, entschlossen und klar gehandelt werden. Ich bin heute in einer ganz anderen Lage. Finanzkrise und Schuldenkrise haben einen ganz anderen Charakter und brauchen einen längeren Blick darauf. Krisenmanagement im Schmidtschen Sinne ist nicht unbedingt meine Stärke. Ich bin ein langsamer Politiker. Die Leute sehen, dass ich in langen Linien zu denken versuche. Ein Politiker kann je nach Zeit und Umständen Reputation erwerben, eben entsprechend der Art, mit der er auf die Ansprüche der Menschen reagiert.

Besonnenheit und langfristiges, konzeptionelles Denken scheinen nicht gerade zu den Markenzeichen heutigen Politikbetriebs zu zählen. Woher kommt das?

Wenn es keine Krisen gibt, dann mögen die Leute doch gern die Boxkämpfe: Wer geht aus dem politischen Fight als Sieger hervor? Wer da erfolgreich kämpft, wird vielleicht ein wenig übermütig. In Baden-Württemberg war das wohl auch so. Da gab es bei der CDU massive Verschleißerscheinungen nach fast 60 Jahren Regierung.

Eine so lange Zeit ist, bekanntlich abgesehen von Bayern, ja ganz und gar einmalig. Ich habe mich aber auch nicht auf gewisse taktische Geplänkel eingelassen und mich vermeintlichen Geboten der Mediengesellschaft nicht gebeugt. Ich finde beispielsweise, dass es eigentlich schon zu weit geht, dass ich meinen Sommerurlaubsort preisgeben soll.

Was ist schlimm daran, wenn es ein bisschen „menschelt"?

Für alles und jedes Rechenschaft ablegen zu müssen, das geht einfach zu weit. Das schreckt auch Leute ab. Nicht zuletzt solche, die der Politikbetrieb gut gebrauchen könnte, etwa weil sie kluge, analytische Denker sind. Außerdem gibt es die seltsame Spezies derer, die den Einblick ins Private haben möchten und dann, wenn sie ihn haben, über die Politiker herziehen, die den Einblick ermöglichen. Das ist doch absurd. Diese Durchleuchtung der ganzen Person gibt es nur im öffentlichen Raum der Politik. Das ist eine enorme Herausforderung, die zu Dauerstress führt. Ich versuche mir einen letzten Raum des Privaten zu sichern, weil das enorm wichtig ist. Jeder will sich doch auch einmal gehen lassen. Und nur wenn ich diesen Raum habe, erhalte ich mir die Kraft, mich öffentlich weitgehend unter Kontrolle zu haben. Alle sind gegen den sogenannten „Politsprech". Das verstehe ich. Dass das aber auch Ausdruck dieses Dauerstresses ist – wer kann schon seine Sätze immer unter Kontrolle halten? –, das wird viel zu wenig gesehen. Ich sage: Bis hierher und nicht weiter. Im Rückblick auf die bisherige Amtszeit habe ich ohnehin schon viel zu viel preisgegeben. Es geht doch in Wahrheit niemanden etwas an, wohin ich in Urlaub gehe.

Privates, Persönliches kann aber auch zu Zustimmung und sogar zur Vertrauensbildung beitragen, und zwar durchaus auch zu Recht.

Selbst wenn – der Preis dafür wäre nicht angemessen.

Zurück zu diesen extrem guten Noten, die Sie von den Bürgern bekommen. Empfinden Sie Freude, Genugtuung, Stolz – oder was?

Jedenfalls werde ich nicht verzweifeln, wenn andere Zeiten mit anderen Noten kommen. Das gehört dazu und darf einen nicht vom Weg abbringen.

Sind Sie auch resistent gegen Inszenierungen? Würden Sie nach berühmtem Vorbild in Gummistiefeln durch ein Rhein-Hochwasser waten?

In Katastrophenfällen müssen Politiker vor Ort präsent sein. Das erwarten die Menschen zu recht. Schließlich muss die Politik in solchen Fällen helfen, so gut sie kann. Aber Krisenmanagement ist nicht unbedingt meine Lieblingsbeschäftigung. Das können andere besser als ich. Was ich aber noch lieber anderen überlasse, die Befassung mit Skandalen.

Deren Aufarbeitung zweifelsfrei zur politischen Hygiene gehört.

Richtig. Ich will das auch nicht kleinreden. Aber es ist nicht meine Leidenschaft, mich damit zu befassen. Ich habe beispielsweise das gesamte Thema EnBW-Aktienrückkauf an meine Ministerin im Staatsministerium abgegeben. Im Groben weiß ich Bescheid, aber nicht im kleinsten Detail, wer da wann was gemacht und welche Akten herumgeschickt hat.

Obwohl es immerhin um fünf Milliarden Euro Steuergelder geht.

Das Thema ist in guten Händen, die Hintergründe werden aufgeklärt. Man kann füglich bezweifeln, ob da jetzt auch noch der Ministerpräsident als Oberaufklärer gefragt ist. Was mich umtreibt, ist, wie das Geschäftsmodell der EnBW aussehen muss, damit sie erfolgreich bleibt und die Milliarden nicht irgendwann den Haushalt belasten.

Die allermeisten Politiker neigten da wohl eher dazu, sich selber publicityträchtige Meriten zu erwerben. Aber Sie fahren ja ohnehin sehr gut mit Minderheitenpositionen. Sie sind ein tiefgläubiger Katholik, Sie sind ein Grüner, Sie sind Stuttgart-21-Gegner und Sie sagen öffentlich in einem Autoland: Weniger Autos wären besser als mehr. Erstaunlich, dass so einer mit so etwas einen solchen Erfolg hat.

Das Charakteristikum einer modernen Gesellschaft ist, dass sie sich in Subkulturen aufgliedert. Jeder kann ja sehen, dass das mit den Volksparteien nicht mehr so gut funktioniert. Ob eine Mischung unterschiedlicher Positionen ein Vorteil sein kann, hängt sehr davon ab, was daraus gemacht wird. Politik und Medien bilden gemeinsam eine Klischeemaschine. Es fällt mir beispielsweise immer wieder auf, dass Interviewer mich als „tiefgläubigen Katholiken“ bezeichnen. Sie auch gerade wieder. Woher wollen die das wissen? Da wird zugespitzt. Ich bin überhaupt nicht „tiefgläubig“. Ich gehöre zu den Zweiflern unter den Glaubenden.

Sie lassen in öffentlichen Äußerungen immer wieder erkennen, wie wichtig Ihnen Ihr Glaube ist. Dass er nicht irgendein Standpunkt unter anderen ist, wie eine Ansicht zur Abwrackprämie oder einer Tariferhöhung im öffentlichen Dienst, sondern etwas, was Sie im Innersten erfasst und als Mensch und sogar auch im politischen Alltag hält.

Das sind nun mal existenzielle Fragen, jedenfalls für mich. In existenziellen Fragen kann man nicht oberflächlich sein. Ich bin ein in der Wolle gefärbter Politiker. Ich war ein begeisterter Lehrer. Und ich bin ein gläubiger Mensch – gläubig reicht, nicht tiefgläubig. Ich bin ja auch ein sündiger Christ. Jeder hat da seine Ecken.

Da würden uns zwei Sünden interessieren, die Sie Ihrer Einschätzung nach in letzter Zeit begangen haben. Nicht aus Neugier aufs Private, sondern weil es aufschlussreich sein könnte, was der Ministerpräsident dieses Landes für Sünden hält.

Es bleibt beim Nein. Das Beichtgeheimnis hat nicht umsonst einen so hohen Stellenwert.

Wie würden Sie die Richtschnur für das Verhalten von Politikern beschreiben?

Das ist ganz einfach. Es steht nämlich in meinem Amtseid, und der ist für mich entscheidend. Ich habe geschworen, dass ich meine Kraft dem Wohle des Volkes widmen, seinen Nutzen mehren, Schaden von ihm wenden, dass ich Verfassung und Recht wahren und verteidigen, dass ich meine Pflichten gewissenhaft erfüllen und Gerechtigkeit gegen jedermann üben werde. Das sind nicht einfach Worte. Und es sind keine einfachen Worte.

Hört sich sehr gut an, ist aber erfahrungsgemäß schwer zu realisieren. Und viele Menschen glauben nicht einmal, dass ihre Politiker überhaupt die Absicht haben, es wahrzumachen.

Damit tun sie ihnen meistens Unrecht. Und außerdem: Wer alles konsequent tut, was er predigt, der muss zum Fanatiker werden. Das ist noch schlimmer als zu moralisieren. Ich erinnere an die Savonarolas, die da herumrannten in der Geschichte der Menschheit. Ende des 15. Jahrhunderts wurde in Florenz alles beschlagnahmt, nicht nur Schriften und Bilder, sondern Schmuck oder Musikinstrumente oder Kleider. Das ist doch fürchterlich.

Und lange her.

Aber zu oft gar nicht so weit weg. Ich bin bisher zwei Mal als Ministerpräsident mit dem Hubschrauber geflogen, weil die Terminabfolge nichts anderes zuließ. Prompt hatte ich eine wochenlange Debatte am Hals.

Wenn wir schon im 15. Jahrhundert sind und in Florenz: Wie viel Machiavelli steckt denn in Winfried Kretschmann?

Der Machiavelli war in gewisser Weise ja auch ein Moralist. Ich habe seine Werke zur Wahl geschenkt bekommen und bin auch in diesem Punkt für den klaren Blick auf die Realität: Ohne ein gewisses Maß an Machiavellismus kann man nicht erfolgreich Politik machen. Beispielsweise wird vernünftigerweise kein Regierungschef die Grausamkeiten, die er seiner Bürgerschaft zumuten will, auf das letzte Jahr vor der nächsten Wahl legen; aber auch nicht an den Anfang seiner Amtszeit, um nicht gleich eine Riesenaufregung zu provozieren.

Das geht ja noch. Aber was ist mit einer Lüge im Amt? Wenn etwa Japans Regierung in den ersten Tagen nach Fukushima wahrheitswidrig behauptet, sie erwäge gar nicht, Tokio zu evakuieren, einen Großraum von 36 Millionen Einwohnern.

Der Grat zwischen erlaubt und unerlaubt ist schmal. Wenn die Kanzlerin und der Finanzminister Steinbrück, wie am Beginn der Finanzkrise geschehen, sagen, die Spareinlagen sind sicher, dann ist das erlaubt. Und zwar deshalb, weil es geboten ist – sonst würde ja die Katastrophe heraufbeschworen, die verhindert werden soll. Dasselbe gilt für Tokio. Jeder Politiker ist gehalten, sich rechtzeitig zu überlegen, wie er in solchen Situationen reagieren würde. Zugleich gilt aber auch, dass das Grenzsituationen sind, höchst prekäre Grenzfälle, die das Alltagsgeschäft nicht bestimmen – Gott sei Dank. Eine Ansage, die zu völligem Chaos und Panik in Tokio führen könnte, würde im schlimmsten Fall Tausende das Leben kosten. Im Sonderfall kann der Zweck bis zu einem gewissen Grad die Mittel heiligen. Denken Sie etwa an Entführungen. Dafür gibt es aber kein politisches Regelwerk. Solche Dinge muss man dann auf sich nehmen und verantworten. So und so kann man dabei Schuld auf sich laden. Normalerweise heiligt der Zweck die Mittel nicht. Da gelten die allgemeinen Grundsätze zwischenmenschlichen Umgangs und unsere Verfassungsordnung.

Kapitel III

Mitmachen in der Demokratie, Zwerge in der Politik und erstes Umkreisen eines unterirdischen Bahnhofs

Zu einer für die Demokratie elementaren und zugleich heiklen Frage: Will der größere Teil der Bevölkerung nicht vorrangig das Gemeinwohl in guten Händen wissen, also nach oben, das heißt an die Politik, delegieren, und ist nicht nur ein viel kleinerer bereit, sich selbst einzubringen? Sodass die Hauptaufgabe der Politik in diesem Zusammenhang darin läge, den Zugang zu dieser kleineren Fraktion der Aktiven frei zu halten und alles dafür zu tun, dass sie nicht austrocknet, sondern ausreichend stark und lebendig bleibt.

Im Kern gilt für die moderne Demokratie der Satz aus der berühmten Leichenrede des Perikles: Nur bei uns ist ein stiller Bürger kein guter Bürger. Letztlich beruht unser Modell des Zusammenlebens darauf, dass die Bürger sich interessieren, dass sie partizipieren, dass sie sich einmischen und einbringen. Dem gegenüber steht ein Satz von Arnold Gehlen: Institutionen entlasten das Individuum. Dieser Satz ist sozusagen das Motto der Fünfziger und Sechziger Jahre. Die demokratischen Institutionen haben im Großen und Ganzen funktioniert, die Bürger konnten sich nach dem Desaster und dem Zivilisationsbruch durch das Naziregime den unpolitischen Dingen zuwenden: Wohlstand schaffen, im Käfer an den Gardasee fahren. Diese Entlastung durch die Institutionen blieb nicht ohne Kollateralschäden, darunter die teilweise Verdrängung der Nazigräuel. Das haben die 68er aufgeknackt. Sie haben den Partizipationsgedanken gegen die Honoratiorendemokratie gestellt. Und wir wollen heute, nach den Erfahrungen mit Stuttgart 21, einen weiteren wichtigen Schritt in Richtung Partizipation gehen. Weil ich sehr sicher bin, dass die repräsentative Demokratie weiterentwickelt werden muss und dass sie diese Weiterentwicklung auch verträgt.

Um den Preis, dass da eben nur ein relativ kleiner Teil der Bevölkerung aktiv mitgeht.

Ich frage mich bisweilen auch, nicht wie, sondern ob das gelingen kann. Aber es muss einfach versucht werden. Wir müssen die Menschen befähigen, sich einzumischen. Und zugleich gilt es zu verhindern, dass Besserwisserei von den Behörden auf die Zivilgesellschaft überspringt und ein neuer Volkssport wird. Ich habe im Umgang mit Stuttgart 21 sehr viel gelernt. Diese ganz harten Nein-Sager wollen mir, der ich dieses Projekt mit viel Herzblut und innerster Überzeugung immer bekämpft habe, ständig und bis ins Detail erklären, warum sie dagegen sind und das Projekt das falsche ist. Selbst wenn ich alldem folgte, müssen doch irgendwann Entscheidungen gefällt werden. Irgendwann ist Schluss mit der Debatte. Dann wird entschieden. So war es, das Volk hat abgestimmt. Und ich muss jetzt eine mittlere Linie zwischen Perikles und Gehlen finden und vermitteln.

Und so vielen Menschen wie möglich den Zugang offenhalten.

Frauen oder Jugendliche oder Migranten sind in modernen Protestbewegungen oft unterrepräsentiert. Das ist auch eine Tatsache, der wir uns nicht nur stellen müssen, sondern die nach Veränderung verlangt. Es sind immer die aktiven Mittelschichten, die sich einbringen, es sind weder die ganz Reichen noch die ganz Armen. Überall engagieren sich Menschen in hohem Maße. Aber die Träger der Partizipation sind oft dieselben. Wer jemanden braucht für eine ehrenamtliche Aufgabe und auf Anhieb niemanden findet, der geht am besten zu jemandem, der schon fünf Aufgaben hat – der übernimmt nämlich auch noch die sechste. Mit Leuten, die viel Zeit haben, kann man nichts anfangen, sonst hätten sie sie nicht.

Ein harter Vorwurf.

Nein, Lebenserfahrung. Ich will diesen Status quo ja auch nicht erhalten. Aber ich muss die richtigen Schlüsse daraus ziehen. Wir brauchen mehr direkte Demokratie in einem Gemeinwesen, dessen Rückgrat die repräsentative Demokratie bleibt. Allerdings schafft zu viel unreflektierte Euphorie wie so oft im Leben Probleme, auch wenn es um direkte Demokratie geht.

Die Demokratie setzt viel Hoffnung und Zutrauen in den mündigen Bürger, also in sein Interesse am Gemeinwesen und nicht zuletzt in seine Urteilsfähigkeit. In dieser unübersichtlichen Welt gibt es aber immer mehr Symptome einer strukturellen Überforderung vieler Menschen in ihrer Rolle als Staatsbürger. Muss man am idealen Bild vom mündigen Bürger realistischerweise Abstriche machen?

Das sehe ich nicht so. Es gibt doch viele Grundentscheidungen, die immer durchschaubar bleiben. In der Eurokrise stellt sich etwa die Frage, ob man Europa will oder nicht. Wir sind ein Exportland und in sehr hohem Maße davon abhängig, dass andere Leute unsere Produkte kaufen. Das ist eine einfache Weisheit und die kann man vermitteln, etwa mit dem Argument, dass es preiswerter und vernünftiger ist, höhere Zinsen zu zahlen, als die Länder zusammenbrechen und unsere Wirtschaft darunter schwer leiden zu lassen. Das sind Sachverhalte, die nicht so schwer zu verstehen sind.

Gerade darüber wird aber gestritten.

Politisch. Wir haben den Expertenstreit über eine wie auch immer geartete Vergemeinschaftung der europäischen Schulden. Wenn da in die öffentliche Debatte allzu viele Details eingebracht werden, dann trübt und erschwert das natürlich den Durchblick. Ich will aber niemandem Absicht unterstellen, weil Politiker einander nicht immer gleich bösen Willen vorwerfen dürfen. Ich rede von vergleichsweise einfachen Ja-Nein-Entscheidungen, an denen ich die Bürgerschaft beteiligen möchte. Und das so heiß diskutierte Thema Stuttgart 21 hat doch gezeigt, dass selbst hochkomplexe Projekte einer vergleichsweise einfachen, klaren Alternative zuzuführen sind. Bürger und Bürgerinnen sind bereit, sich einzubringen, wenn Dinge sie beschäftigen, wenn sie sich interessieren, wenn sie betroffen sind. Mündigkeit heißt ja nicht, dass sich jeder mit allen Fragen befassen muss, die politisch relevant sind.

Noch einmal zur Eurokrise. Wir lesen die Stellungnahmen von acht Ökonomen – und lernen acht verschiedene Diagnosen und acht verschiedene Therapievorschläge kennen. Das ist eine fatale Situation für einen Bürger, der seine staatsbürgerliche Aufgabe ernst nehmen und sich ein eigenes, sachlich begründbares Urteil bilden will.

Das ärgert mich auch. Wenn aber erst nach einem wichtigen EU-Gipfel 160 Ökonomen die dort gefassten Beschlüsse kritisieren, dann finde ich das ganz schlecht. Da muss man sich doch vorher zu Wort melden. Diese oft billige Kritik wird auch der Rolle, die Politiker in solch komplexen Krisen übernehmen müssen, nicht gerecht. Je komplexer die Herausforderungen, desto mehr wird auf Sicht gefahren.

Die Methode Merkel.

Die ist auch richtig. Ich weigere mich, die Bundeskanzlerin deshalb zu kritisieren. Wenn es brennt, steht nicht die Debatte über die Brandschutzvorschriften im Vordergrund. Das hat etwas Besserwisserisches und es widerstrebt mir zutiefst, mich daran zu beteiligen. Was ich kritisiere, ist, dass Angela Merkel keine Vision von Europa vorträgt. Dabei wäre das doch wichtig für eine breitere Akzeptanz der EU. Und Fragen wie die nach der Schuldenvergemeinschaftung hat sie einfach tabuisiert. Aber diese Kritik ist bei der Krisenbewältigung nicht vorrangig. Wir, also Regierung und rot-grüne Opposition im Bund, sind zu Recht überwiegend auf Konsens orientiert. Vor allem auch deshalb, weil es für so viele Entscheidungen keine Blaupause gibt.

Manche Parteistrategen, auch bei den Grünen, dürften soviel Wohlwollen als selbst auferlegtes Eunuchentum geißeln, und sei es auch nur im stillen Kämmerlein.

Es hätte doch gar keinen Sinn, auf eine derart schwierige Situation wie die Eurokrise mit einem parteipolitischen Geplänkel zu reagieren. Wer soll denn am Ende etwas davon haben? Die Politik und die Politiker wären es jedenfalls nicht. Eher sollten wir gemeinsam benennen, wie es zu diesem ganz erheblichen Versagen in der ökonomischen Welt kommen konnte.

Hat die Politik aber nicht auch versagt? Stichwort Bankenregulierung.

Was heißt *die* Politik? Das sagt sich so leicht dahin. Es ist Unfug, alles und jedes irgendwie der Politik zuzuschieben. Natürlich hätten die Märkte auch anders und zwar strenger kontrolliert werden können und sogar müssen, wie wir mittlerweile längst wissen. Aber wo waren denn die politischen Mehrheiten dafür? Die haben uns die Wähler doch nicht gegeben! Ob die Politik abgedankt hat, bin ich kürzlich gefragt worden. Natürlich nicht. Dann ist das Schlagwort von der „Verzwergung" der Politik gefallen. Da wäre ich fast ausgerastet. Da wir in einer Demokratie leben, hieße das: Zwerge wählen Zwerge. Wer die Politik immerfort pauschal kritisiert, macht schon etwas falsch.

Sie wenden sich beharrlich dagegen, dass im Zusammenhang mit Politik „Allmachtsphantasien" und „Paradies-Sehnsüch-

te" gehegt werden. Das klingt erstens nach einer reichlich konservativen Rhetorik. Und zweitens hantieren ausgerechnet Sie da mit zwei Begriffen, die der religiösen Sphäre entstammen und insofern Ihre Kritik aufladen.

Aber solche Haltungen sind weit verbreitet. Das höre ich wirklich oft. Und dann sage ich: Ich verspreche euch eine Bürgergesellschaft, aber kein Bürgerparadies. Es geht einfach nicht, einen Konflikt so lange zu belabern, bis alle einverstanden sind. Oder ihn ad ultimo zu betreiben und auszutragen.

Käme der unterirdische Bahnhof nicht, bräche noch lange nicht das Paradies aus. Da entsteht der Eindruck einer viel zu pathetischen und deshalb irreführenden Wortwahl.

Finde ich nicht. Es gibt eben keine vollkommene Art der Demokratie. Wir sind nun mal aus dem Paradies vertrieben worden ...

Glauben Sie das wirklich? Aber wir stellen diese Frage zurück und später noch einmal.

Es ist eben nur so, dass die Sehnsucht nach dem Paradies bleibt. Ohne Sehnsüchte fänden wir keinen Sinn und würden uns für nichts engagieren. Aber man muss wissen: Sie bleiben unerfüllt. Diese Diskrepanz habe ich nie so scharf erlebt wie bei einem Treffen nach dem Volksentscheid mit ganz harten Stuttgart-21-Gegnern. Wir haben stundenlang aneinander vorbei geredet. Es gibt eben immer *noch* einen Einwand und ein filigranes

Argument – aber irgendwann muss die Sache auch mal beendet sein, und das ist sie durch die Volksabstimmung. An dieser Einsicht fehlt es. Stattdessen grassiert das Gefühl, ungerecht behandelt worden zu sein. Oder: Kürzlich hatte ich einen Auftritt bei den Beamten. Bei denen wollen und müssen wir einige Sparmaßnahmen machen. Die jammern auf hohem Niveau, tun aber so, als drohte der Weltuntergang. Da gibt es einen Reflex, zu sagen: Da kommt der Feind der Beamten, und der wird jetzt mit Vuvuzelas niedertrompetet. Ich habe nichts dagegen, dass die Beamten sich wehren. Aber es ist vollkommen ausgeschlossen, einen Haushalt mit über 40 Prozent Personalkosten zu sanieren, ohne dass es auch mal den Beamten ans Fell geht.

Interessengruppen heißen Interessengruppen, weil sie sich um ihre Interessen gruppieren in den gesellschaftlichen Verteilungskämpfen um knapper werdende Ressourcen.

Es geht um diese Erwartung, man könne sparen, ohne dass es irgendjemandem weh tut. Die ist überall da. Natürlich sind knappe Ressourcen anstrengend. Aber sie sind auch ein Innovationsmotor. Wenn das Geld reichlich fließt, ist die Gefahr sehr groß, dass es immer mehr vom Gleichen gibt, mehr Straßen, mehr PS, mehr Gehalt, mehr Wachstum, mehr Bruttosozialprodukt – und heraus kommt Masse statt Klasse. Das wollen wir nicht. Wir wollen Klasse statt Masse, und deswegen sind knappe Ressourcen für mich auch ein Grund, kreativ zu sein und auf Alternativen zu setzen.

Woher kommt das Jammern auf höchstem Niveau, wie Sie es nennen? Eine verzerrte Perspektive, Egoismus, überzogenes Anspruchsdenken?

Es ist das, was ich mit Allmachts- und Paradiesvorstellungen meine. Hinzu kommt die Schlaumeierei. Da wird der Politiker gern als der Depp hingestellt, dem der Betroffene mitteilt, wie man es richtig machen müsste. Wir haben eine Schuldenbremse in der Verfassung. Die Länder dürfen ab 2020 keine neuen Schulden mehr machen. Das geht doch nicht mit dem Prinzip der Besitzstandswahrung! Ich stehe voll und ganz hinter diesem Schuldenregime. Es ist krisenvermeidend, an der Eurokrise sehen wir, wie wichtig das ist, es eröffnet auch Gestaltungsspielräume. Ich will doch nicht sparen, um der größte Sparapostel in der Republik zu werden, sondern um auch in Zukunft gestalten zu können.

Kapitel IV

Von Stuttgart 21, heimlicher Freude und der harten Seite der Demokratie

Das Thema Sparen hat ja bekanntlich viele Aspekte. Sie nehmen bei Kindergärten, Schulen oder Ortsumfahrungen Einschränkungen vor, und bei Stuttgart 21 explodieren womöglich während des Baus die Kosten. Nach dem Volksentscheid haben Sie öffentlich erklärt, Sie wollten der Bahn in den Folgejahren genau auf die Finger schauen. Wird das das Projekt noch verhindern? Oder wäre das eine Überinterpretation?

Das ist eine Überinterpretation. Und eine Verkennung des Volksentscheids, der hat nämlich gesagt: Ihr baut jetzt bitte.

Vorgelegt wurde den Menschen in Baden-Württemberg damals aber nur die Frage, ob das Land aus dem Finanzierungsvertrag aussteigen soll.

Das ist richtig. Trotzdem wurde politisch über das Projekt entschieden. Und daran hält sich ein guter Demokrat. Ich habe kein Mandat, das Ganze noch mit irgendwelchen Tricks zu Fall zu bringen. Das ist die eine Seite. Die andere ist, dass in einem Volksentscheid nicht über Wahrheit oder Lüge entschieden wird, sondern im Volksentscheid entscheidet eine Mehrheit.

Denjenigen, die weiterhin gegen das Projekt auf die Straße gehen, wird vielfach vorgeworfen, sie seien schlechte Verlierer oder gar schlechte Demokraten. Teilen Sie das?

Das lehne ich ab. Niemand muss seine Überzeugung aufgeben, jeder hat das gute Recht, weiter zu opponieren, auch öffentlich wahrnehmbar durch Demonstrationen. Ob das sinnvoll ist, steht auf einem ganz anderen Blatt. Da bin ich wieder beim Thema Moralisieren. Es darf doch niemand einen anderen in Misskredit bringen wegen einer bestimmten Haltung. Dann würden Mehrheitsentscheidungen für Minderheiten ja unerträglich.

Zahllose Beobachter haben bei der Kommentierung des Konflikts um den Stuttgarter Bahnhof die Ansicht vertreten, der ganze Prozess mit diesen riesigen Demonstrationen, dem gewaltigen medialen Echo und der Schlichtung habe die Republik nachhaltig verändert.

Unbedingt. Allein die Schlichtung, die sich Millionen Menschen stundenlang live im Fernsehen angesehen haben, hat vieles bewirkt. Überall wurde und werde ich darauf angesprochen, bekanntlich sogar vom Papst. Ich bin sicher, diese Lektion ist begriffen worden. Der Charme der Demokratie ist, dass es um Alternativen geht. Ich will hier nicht zu sehr ins Detail gehen, sondern nur kurz daran erinnern, dass die Grünen-Landtagsfraktion seit Mitte der Neunziger Jahre immer wieder verlangt hat, mehrere Varianten in Alternativen gegenüberzustellen und zu prüfen. Mit dem Wissen von heute ist uns noch klarer als damals, wie richtig das gewesen wäre. Es können doch nicht Entscheidungen in Hinterzimmern von Gremien oder Gruppen getroffen werden, die alles andere für Blödsinn erklären. Aber dieser Bruch ist jetzt vollzogen, und das ist sehr positiv für die politische Kultur in ganz Deutschland. Die Tragweite, da bin ich sicher, wird nach und nach überall deutlich werden. Dem Vatikan wird ja nachgesagt, dass bei Bischofsernennungen das betreffende Domkapitel eine Dreierliste bekommt: Kandidaten sind ein Blinder, ein Lahmer und der, den der Vatikan will und der es natürlich wird. So wird das in der Bundesrepublik bei keinem Projekt mehr funktionieren. Und wenn es doch mal versucht wird, braucht nur das Stichwort Stuttgart 21 zu fallen.

Was nichts daran ändert, dass der Tiefbahnhof nach heutigem Stand wohl gebaut werden wird.

Richtig. Ich weiß, dass in Stuttgart noch immer viele Leute denken, ich könnte da noch etwas machen. Sie irren. Sie übersehen, dass ich an Recht und Gesetz gebunden bin.

Wir erinnern uns an den Herbst 2010, als Sie bei einem Parteitag der Grünen erklärten, der unterirdische Bahnhof mit den halb so vielen Gleisen wie beim jetzigen werde das Nadelöhr der Zukunft und kein verantwortlich Handelnder könne so ein Projekt durchsetzen wollen. Genau das tun Sie selber nun.

Weil ich an die Regeln gebunden bin und an den Ausgang des Volksentscheids, der damals ja noch nicht stattgefunden hatte. So ist das nun mal. Das ist die harte Seite der Demokratie. Das sind wir nicht gewohnt Aber das ist gerade der Sinn, dass das Volk jenseits von Parteiprogrammen oder Koalitionsvereinbarungen einfache Sachentscheidungen an sich zieht und dann die Exekutive bindet.

Aber Ihre Beurteilung in der Sache hat sich doch nicht geändert?

Ich habe jetzt eine Spitzenfunktion in der Exekutive und da muss ich etwas sehr Grundsätzliches beachten: Bei Bürgerbewegungen dreht sich alles um die materielle Seite eines Konflikts, also um die Sache selbst, in der Exekutive hingegen treten die rechtlichen Aspekte stark in den Vordergrund. Sie treten ganz stark in den Vordergrund. Da denke ich auch manchmal: Das gibt es doch nicht, kann ich denn überhaupt noch etwas ausrichten? Und vieles von der Verrechtlichung entspringt nicht der Verwaltung, sondern kommt aus der Bürgerschaft. Beispielsweise in der Schulpolitik: Da wird viel zu oft Pädagogik durch Recht ersetzt, Erziehung durch Justiziabilität. Da wird nicht mehr gefragt, ob diese oder jene Maßnahme für die Schüler gut und richtig ist, sondern: Droht da womöglich ein Konflikt, und würde denn ein Rechtsstreit überhaupt vor Gericht gewonnen? Viele Lehrer beschweren sich, dass Behörden ihnen von irgendeiner Initiative abraten mit der Begründung, dass da Klagen von Eltern kommen könnten. Diese Entwicklung finde ich leicht bedenklich. Das ist das, was ich meine: Jedes einzelne Aufbegehren, aus dem Justiziabilität entsteht, führt nicht zu immer mehr Gerechtigkeit. Gerade bei Stuttgart 21 merke ich das, und zwar mit einer gewissen Bitterkeit: Wie die Sachfragen ganz zurückgedrängt werden von Rechtsfragen. Ich kann aber nicht mit einem Federstrich aufheben, was ich vorfinde. Den altehrwürdigen Grundsatz *pacta sunt servanda* kann und will ich nicht beseitigen, der gehört zu unserer Zivilisation. Aber es nervt schon manchmal. Da kommen die Leute mit ihrem gesunden Menschenverstand, man gibt ihnen in der Sache recht – und dann muss man ihnen etwas erzählen im Sinne von „Na ja, man kann halt nix machen".

Angenommen, Stuttgart 21 würde doch noch scheitern, weil die Bahn das Projekt aufgibt wegen irgendwelcher Probleme technischer oder finanzieller Art – würde Winfried Kretschmann sich überhaupt noch freuen?

(lacht) Heimlich auf jeden Fall.

Öffentlich nicht?

Das käme auf die Situation an. Aber ganz grundsätzlich: Ich habe mehr als drei Jahrzehnte in der Opposition zugebracht, ich habe gelernt, Niederlagen anzunehmen wie eine zweite Haut. Viele der Stuttgart-21-Aktivisten haben so etwas, so eine krachende Niederlage beim Volksentscheid, zum ersten Mal in ihrem Leben mitgemacht. Auf die wirkt das zwangsläufig anders als auf einen alten Kämpen wie mich, der schon Hunderte Niederlagen einstecken musste. Ich muss aber auch sagen: Den Frust, der ja immer mit einer Niederlage verbunden ist, den muss ein reifer, erwachsener Mensch aushalten können.

So sagt man.

Weil es wahr ist. Und außerdem habe ich auch gelernt, dass man da, wo man vordergründig verloren hat, in Wahrheit eher gewonnen hat. Das muss man ein bisschen dialektisch sehen. Es hängt mit meiner – auch religiös begründeten – Überzeugung zusammen, dass es das Gute im Schlechten gibt. Ohne sie könnte ich keine Freude haben an der Politik.

Ein Blick in Ihre Seele: Es wird Projektgegner geben, die Ihnen unterstellen, dass Sie sich schon so sehr mit Stuttgart 21 arrangiert haben, dass Sie denen, die weitergekämpft haben, den Triumph gar nicht mehr gönnen würden, wenn es doch noch zum Scheitern käme.

Von dieser Seelenforschung halte ich prinzipiell nicht so viel. Aber ich gebe den Ball hier mal zurück: Der Volksentscheid war eindeutig, wir werden Stuttgart 21 bauen müssen.

Müssen Sie das denn überhaupt? Bauherr ist ja die Bahn, nicht die Landesregierung von Baden-Württemberg.

Politisch auf jeden Fall. Das Land ist Projektpartner. Das Votum der Mehrheit hieß: Wir sollen das machen. Und wenn wir schon in meine Seele schauen müssen: Ich kann das doch nur tun, wenn ich meine eigenen Emotionen niederkämpfe. Das kann sich doch wohl jeder an seinen fünf Fingern abzählen. Bürgerentscheide sind ja meistens gegen etwas. Aber hier soll ich etwas tun, was ich gar nicht will. Das ist ein ganz harter Brocken.

Wie viel haben Sie persönlich mit dem Projekt heute im Regierungsalltag zu tun?

Viel. Alles, was da schiefläuft, landet letztlich auf meinem Tisch. Und obwohl ich eben nicht der Bauherr bin, werde ich laufend für alles Mögliche in diesem Zusammenhang verantwortlich gemacht. An alldem erfahre ich die Härte der direkten Demokratie. In der repräsentativen Demokratie gibt es so etwas zunächst mal nicht. Parteiprogramme oder Koalitionsverträge enthalten zwar Kompromisse, aber im Kern geben sie doch die eigene Überzeugung wieder. In der direkten Demokratie hingegen wird man plötzlich auf Dinge verpflichtet, die man überhaupt nicht will. Beispiel Schweiz: Da müssen Politiker jetzt durchsetzen, dass keine Minarette gebaut werden. Für mich ist das Ergebnis dieser Volksabstimmung skandalös, aber das muss jetzt jeder Schweizer Regierungschef machen.

Grüne, die sich frustriert von direkter Demokratie zeigen, sind rar.

Ich gebe zu, dass ich, zumal im Vergleich mit manchen meiner Parteifreunde, schon immer ein relativ nüchternes Verhältnis hatte zu der direkten Demokratie. Das ist jetzt noch mal ein Stück nüchterner geworden. Das Ganze war schließlich keine Petitesse, sondern ein dominantes politisches Thema, das mich zum Teil ja sogar in dieses Amt gebracht hat. Es ist eine beinharte Sache. Aber es ist halt demokratisch. Und für die Demokratie war der Tag des Volksentscheids ein guter Tag. Nach einer Untersuchung der Uni Mannheim stieg dadurch das Vertrauen der Bevölkerung in die Demokratie um zehn Prozent. Das wichtigste Projekt dieser Landesregierung ist die Bürgerbeteiligung. Ich merke auch immer, dass ich daran gemessen werde, ob dieses Versprechen eingelöst wird.

Kapitel V

Über religiöse Türme, den zivilisatorischen Rang des Nein und wieso 98 Prozent der Bevölkerung den Führerschein schaffen

Im politischen Alltag wird gern geäußert, diese oder jene Maßnahme sei alternativlos, und zugleich wird genau diese Ansicht scharf kritisiert. Auch von Ihnen gibt es den Satz: Demokratie heißt Alternative. Der kann aber doch nicht immer gelten, denn etwa unsere Grundrechte sind doch ohne Alternative oder unser Ja zur Integration von Migranten.

Das ist ja klar. Die Parteien stehen für unterschiedliche Ziele. Menschenrechte sind die Grundlage der Demokratie. Ohne sie heißt die Alternative Diktatur. Es geht immer um Alternativen innerhalb unserer Verfassungsordnung. Ich werde beispielsweise das Prinzip und das Ziel der Nachhaltigkeit niemals zur Disposition stellen. Wenn die Leute mich gewählt haben, dann haben sie mein Ziel mit gewählt. Wie ich es erreiche, das ist offen. Außerdem kann die Bürgerschaft natürlich auch die CDU wählen. Das wäre dann eine Alternative. Entscheidend ist Offenheit in den Wegen. Mittel dürfen nicht mit Zwecken und Wege nicht mit Zielen verwechselt werden. Und wenn wir mehr direkte Demokratie wollen, gibt es noch ein Drittes: Die Bürgerschaft kann ihrerseits Dinge an sich ziehen, selber Prozesse vorantreiben und über Alternativen entscheiden.

Was, wenn es auf breiter Front geschähe, zweifellos unsere real existierende Demokratie erheblich verändern würde.

Im Kern geht es darum, den Leuten über das Wahlrecht hinaus Mitentscheidungsrechte zu geben. Diesen Schritt wollen wir jetzt weitergehen, aber immer nur im Rahmen unserer Verfassungsordnung. Nur in ihrem Rahmen können wir Ziele weiterentwickeln, sonst schlagen wir uns am Ende die Köpfe ein. Wir haben die große Errungenschaft einer Werteordnung, die die friedliche Auseinandersetzung über tagespolitische Differenzen überhaupt erst möglich macht. Es gäbe die Möglichkeit des harten Streits in der Sache nicht ohne diesen großen Konsens unter den demokratischen Parteien. Das wird leider sehr oft vergessen. Ehrlich gesagt, wundere ich mich oft darüber. Wenn die Leute den Fernseher einschalten, sehen sie doch tagtäglich, wie es in anderen Teilen der Welt zugeht und wie wohlgeordnet im Vergleich damit unser Gemeinwesen ist, bei aller Kritik.

Dennoch gibt es bei uns harten, bitteren, manchmal sogar unversöhnlichen Streit. Zumal wenn sehr gegensätzliche Interessen und Anschauungen aufeinanderprallen.

Das gibt es, aber solche Auseinandersetzungen dürfen nicht zu Feindschaft führen. Feindschaft hat in der Demokratie nichts zu suchen, weil die großen Grundfragen in unserer Verfassungsordnung vorgeklärt sind. Eine Mehrheit darf eine Minderheit nicht unterdrücken. Deshalb ist ja das Minarett-Urteil in der Schweiz so fatal: Da unterdrückt die Mehrheit eine Minderheit. Wenn die Schweizer entschieden hätten, dass prinzipiell keine religiösen Türme gebaut werden dürfen, dann wäre das ein erträgliches Urteil gewesen – weil der elementare Gleichheitsgrundsatz gewährleistet geblieben wäre. Stattdessen hat der Volksentscheid ganz bestimmte religiöse Türme verboten. Eine solche Alternative ist nicht erlaubt. Und bringt jetzt in unserer Debatte um mehr direkte Demokratie auch noch die erlaubten Alternativen in Misskredit.

Das Thema Bürgerbeteiligung wirft eine sehr grundsätzliche Frage auf, die aber im gewissermaßen offiziellen Diskurs nahezu nie gestellt, sondern eher tabuisiert wird. Es geht um jenen Teil der Staatsbürger, die entweder nicht die Neigung oder nicht die Fähigkeit haben, in etwas komplexere politische Zusammenhänge einzudringen, sondern sich lieber ihren Vorurteilen oder Affekten überlassen. Wie sehr wird das Projekt Bürgerbeteiligung davon berührt?

Ohne Vorurteile kann der Mensch nicht existieren in einer komplexen Welt. Wir brauchen Vorurteile, um uns sicher bewegen zu können. Insofern sind sie ganz normal und gewissermaßen auch von Nutzen. Die Frage ist, ob wir es schaffen, aus Vorurteilen Urteile zu machen. Aber, wiederum grundsätzlich: Was macht das Paradies aus? Fülle. Was macht das Leben aus? Knappheit. Das Knappste, das der Mensch hat, ist die Zeit. Sie ist begrenzt, der Mensch muss sterben – und er kann handeln. Er weiß, dass er nicht ewig lebt und nicht immer alles aufschieben kann. Die Knappheit der Zeit zieht der Demokratie Grenzen. Irgendwann muss entschieden werden. Deshalb muss Angela Merkel auch mal Ja oder

Nein sagen auf einem EU-Gipfel und kann nicht erst jeden CDU-Kreisverband nach seiner Ansicht fragen. Vor allem aber: Viele Menschen haben andere Probleme als politische. Die einen müssen zusehen, wie sie sich als Geschäftsleute im Markt behaupten, die anderen, wie sie ihre ungezogenen Kinder besser erzogen bekommen, der Nächste hat eine Krankheit und der Übernächste ist pubertierend und wird von seinen Hormonen beansprucht. Man kann nicht erwarten, dass jeder ein Thema wie beispielsweise Stuttgart 21 zu seinem Lebensmittelpunkt macht über Jahre und sich in jeden einzelnen Aspekt dieses hochkomplexen Themas einarbeitet.

Auch der von Ihnen erwähnte Grundkonsens ist Bedrohungen aus unterschiedlichen Richtungen ausgesetzt. Nach einer Studie der Freien Universität Berlin hat die Hälfte der Neunt- und Zehntklässler in Deutschland Probleme, Demokratie und Diktatur überhaupt voneinander zu unterscheiden.

Das sind höchst beunruhigende Erkenntnisse. In meinem Wahlkreis habe ich zweimal das Projekt *Schule als Republik* beobachtet. Da ist die Schule für zwei Wochen ein Staat mit Parlament, Betrieben, Banken, gesellschaftlichen Fragestellungen. Da ist schnell zu erkennen, dass die Schüler und Schülerinnen dort mehr lernen als in drei Jahren Gemeinschaftskunde. Die wesentlichen Elemente unserer Demokratie müssten besser verstanden und viel mehr gewürdigt werden. Aber es ist eben so, dass der Mensch dazu neigt, die Freiheit, wenn er sie einmal hat, nicht mehr zu schätzen. Sie ist ein zerbrechliches Gut, und das ist eine ganz große Herausforderung für die Pädagogik. Der Lack der Zivilisation ist dünner, als wir üblicherweise glauben. Ich will nicht dramatisieren, aber eigentlich muss man für die Demokratie und ihre Erhaltung jeden Tag werben und kämpfen. Alle Eltern, die ihre Kinder erziehen, alle Lehrer, alle politischen Menschen müssen immer und immer wieder klar machen: Bei allen Defiziten gibt es nichts Besseres als diese Demokratie.

Das reale Verhalten so mancher politischer Akteure ist dabei zuweilen nicht gerade hilfreich.

Leider ist das so. Wie oft werden Differenzen auf eine Weise ausgetragen, die anödend ist, reflexhaft, nicht mehr an der Sache orientiert! Mich hat das in meiner politischen Laufbahn oft genervt. Aber am meisten hat mich genervt, wenn die Fehler immer nur beim anderen gesehen werden. Dabei hätten wir doch so viel damit zu tun, uns selber zu betrachten. Streit ist eigentlich das Lebenselixier der Demokratie, er verkommt aber im politischen Alltag viel zu oft zum billigen Krach. Aus der Sorge heraus, dass da Dinge immer weiter verrutschen, habe ich den Begriff von der Politik des Gehörtwerdens kreiert. Ich will damit erreichen, dass das Vertrauen in die Politik wieder wächst. Ich will vermitteln, dass man etwas bewirken kann, wenn man sich hinter einer Idee zusammenschließt. Und ausdrücklich füge ich hinzu: Diese Idee kann auch im Nein bestehen. Bestes Beispiel ist die Atomenergie.

Deshalb hat man versucht, Ihre Partei in die Ecke der Neinsager zu rücken, und noch im jüngsten Bundestagswahlkampf das Schlagwort von der Dagegen-Partei in Umlauf gebracht.

Diese Kampagne von Union und FDP war ein hochgefährliches Projekt. Für einen Augenblickserfolg, wenn ein solcher überhaupt erzielt worden ist, haben sie die Beschädigung des gesamten Politikbetriebs in Kauf genommen. Da stehe ich ziemlich fassungslos davor. Denn aller Streit, ja sogar jede Bewegung fängt doch mit einem Nein an, nämlich entweder zum Status quo, der überwunden werden soll, oder zu dem, was seine Errungenschaften bedroht. So weit müsste die Intelligenz doch reichen, um das zu begreifen. Ich habe doch auch die CDU nicht bemeckert, weil sie Nein gesagt hat zur Präimplantationsdiagnostik. Seit Tausenden von Jahren haben alle großen Dinge in unserer Zivilisation mit einem Nein begonnen. Denn im Nein wohnt der Kern einer Alternative, also ein Ja. Es ist das Normalste der Welt, gegen etwas zu protestieren. Der erste Protest war offensichtlich der im Paradies gegen die Fülle und für die Erkenntnis und damit für die Freiheit. Oder: Antigone wirft Erde auf ihren toten Bruder und gewährt ihm so die Bestattung, die Kreon verboten hatte. So sagt sie Nein. Solche Geschichten erzählen von epochalen Vorgängen. Man sagt Nein – weil es um etwas geht.

Und zwar darum, sich der Entwertung des Wertvollen zu widersetzen. Nur gelingt es offenbar nicht ausreichend – siehe die zitierte Berliner Studie –, das Bewusstsein für dieses Wertvolle zu wecken und wachzuhalten.

Auf unabsehbar lange Zeit müssen wir uns im Blick auf die Nazizeit fragen, wie es zu diesem „Zivilisationsbruch“, wie Hannah Arendt das genannt hat, kommen konnte. Meine mehr praktische Antwort lautet: Man kann das Böse nur im Kleinen bekämpfen. Wenn es erst einmal gewisse Ausmaße angenommen hat, können das nur noch Helden tun. Wenn junge Leute in der U-Bahn jemanden zum Krüppel schlagen, dann müssen andere ja nicht wegsehen. In vielen Situationen braucht man nicht so viel Mut. Wenn Schüler sich prügelten, bin ich als Lehrer immer hin und habe gesagt: Man löst keine Probleme mit Gewalt. Nicht weil es so furchtbar wäre, wenn die sich mal schlagen. Aber es ist wichtig, dass sie immer wieder gesagt bekommen: Eigentlich sollte man das nicht machen. Alle tun ständig irgendetwas Böses, aber sie müssen wenigstens noch wissen, dass es böse ist. Wenn dieses Unrechtsbewusstsein erst einmal geschwunden ist, dann sind wir in einer ganz schlimmen Krise. Und wenn man Diktatur und Demokratie nicht mehr spontan auseinanderhalten und bewerten kann, dann ist das ein Alarmsignal erster Güte.

In allererster Linie geht es ja wohl um ein Informationsdefizit, das darin besteht, dass manche nicht mehr wissen oder gar nicht erst lernen, worin die Unterschiede, die fundamentalen Gegensätze zwischen Demokratie und Diktatur bestehen. Dass der Wert der Freiheit nicht mehr richtig eingeschätzt wird, kommt dann noch hinzu.

Wieso schaffen 98 Prozent unserer Bevölkerung den Führerschein, obwohl die Prüfung ganz beträchtliche Ansprüche stellt? Weil die Leute den Führerschein wollen. Sie sind extrem motiviert. Darauf kommt es an. Dieses Thema vermisse ich immer in Bildungsdebatten – und es ist ganz schwer einzubringen: Wie stärken wir Bildungswillen? Zum Beispiel bei Migranten. Nicht: Wie betüddeln wir sie, sondern: Wie stärken und wecken wir ihren Bildungswillen? Wir sollen sie nicht in dieser Opferrolle halten, sondern ihnen bewusst machen, dass es besser ist, sich nach der Decke zu strecken. Und immer wieder kommt es auf den Sinn an. Ich hatte einen Lehrerkollegen, der seine Schüler allen Ernstes das baden-württembergische Landtagswahlrecht lernen ließ. Aber wozu muss das jemand verstehen, wenn er nicht Abgeordneter werden will oder Landeswahlleiter ist? Völlig sinnlos. Und wenn ich dann als Ethiklehrer gefragt habe: Warum Demokratie statt Diktatur?, dann trat Stille ein. Solche Fundamentalfragen werden viel zu wenig behandelt.

Kapitel VI

Glaube, Asteroiden und der Sinn in der Talkshow

Herr Kretschmann, an dieser Stelle sei nach Ihrem Menschenbild gefragt. Ist es insgesamt eher zuversichtlich-positiv oder eher ängstlich, pessimistisch? Oder wo ist es zwischen diesen Polen?

Im Psalm heißt es so schön: „Du hast ihn nur wenig geringer gemacht als Gott." Was will uns das sagen? Dass der Mensch, da er mit Kreativität und Freiheit begabt ist, ein Wunder ist im Universum. Das kommt im Grundgesetz so großartig zum Ausdruck mit dem Artikel eins, der handelt von der unantastbaren Würde des Menschen. Aber ich weiß auch, dass der Mensch verführbar ist, und war deshalb schon immer gegen diesen flachen Optimismus. Deshalb habe ich ein Menschenbild, das ich einfach als realistisch bezeichnen würde. Ich weiß, was im Menschen steckt – an Gutem und an Bösem. Insofern und aufs Ganze gesehen bin ich letztendlich ein Skeptiker gegenüber diesen ideologisch aufgeladenen Menschenbildern.

Diese Skepsis wird aber beträchtlich relativiert durch Ihren Glauben. Also von Winfried Kretschmanns Überzeugung, dass es da einen Gott gibt, der das ganz große Unheil nicht über Mutter Erde kommen lassen wird.

Das ist uns versprochen. Das sagt uns die Geschichte von der Sintflut: dass unsere Erde nicht untergeht vor dem Ende der Zeit. Daran glaube ich. Die Naturwissenschaften sagen uns, in ein paar Milliarden Jahren spätestens werde es aus sein mit der Erde. Aber das sind ja Zeiträume, um die wir uns nicht kümmern müssen. Bis dahin sind wir vielleicht schon auf anderen Planeten ...

Und doch ist die Erde schon heute bedroht. Demnächst könnte aus den Tiefen des Weltalls ein Asteroid auftauchen, der Kurs auf unseren Planeten nimmt und groß genug ist, beim Aufschlag das Leben auf ihm weitgehend auszulöschen.

Das wird aber nicht passieren.

Was man nur sagen kann, wenn man zugleich sagt: So etwas würde Gott verhindern. Derselbe Gott, der allerdings in anderen geschichtlichen Augenblicken, in denen es auch um sehr viel ging, untätig geblieben ist. Da sieht der Christ Winfried Kretschmann gar kein Problem?

Ich habe nicht die Vorstellung von einem Gott, der Asteroiden lenkt. Ich habe die vertrauende Gewissheit, dass die Welt vor dem Ende der Zeiten nicht untergeht durch irgendwelche Katastrophen, seien es menschengemachte oder andere. Man kann mir diesen Glauben nicht mit leicht extremistischen Eventualitäten erschüttern. Bei diesem Glauben geht es im Kern darum, dass ich Vertrauen in die Welt setze. Dass sie gut ist. Dass ich sie nicht retten muss. Dass das Ganze einen Sinn hat.

Inwiefern lässt sich über die Welt sagen, sie sei gut, jedenfalls wenn man sie als ganze wahrnimmt?

Das sehe ich so: Im Ganzen ist die Schöpfung gut. Wenn wir sie uns besser ausmalen, geraten wir schnell mit der Freiheit in Konflikt. Diese uralte Theodizeefrage, die Sie mir stellen, hat noch nie jemand befriedigend beantworten können. Wir müssen die Wirklichkeit transzendieren, und genau das versuche ich. Ich glaube zum Beispiel nicht, dass mit dem Tod alles aus ist. Neulich habe ich eine Führung gemacht durch die Barockkirche in Zwiefalten. Was sagt sie uns Heutigen? Dass das Leben ein Theater ist. Natürlich nicht für uns, aber für Gott, denn der kennt den Ausgang. Für mich ist es ein ernstes Spiel, denn wir sind frei. Mein Glaube beschenkt mich mit gelassener Heiterkeit, er befreit mich. So fürchterliche Gedanken über Asteroiden mache ich mir nicht.

Womit Sie sich in zahlreicher Gesellschaft befinden.

Es gibt eben Fragen, die sich nicht beantworten lassen. Ich weiß, dass Atheisten sich ärgern, wenn wir Christen sagen: Glaube ist auch ein Geheimnis. Aber im Ernst: Glaube befreit mich von den letzten Zwängen, ganz persönlich. Ich kann als Politiker scheitern, und damit muss man auch immer rechnen. Ich habe ja ganz tolle Umfragewerte, aber als Christ weiß ich, dass zwischen *Hosianna!* und *Kreuziget ihn!* nur drei Tage liegen können. Das heißt ja nicht, dass man als Mensch scheitert. Sonst müsste man fortwährend in innerer Panik leben. Denn dass man als Politiker scheitern kann – ich denke etwa an meinen Vorgänger Stefan Mappus –, das bekommt man ja dauernd vorgeführt. Mein Glaube heißt auch, dass ich mich nicht übernehmen muss, sondern dass ich einen Beitrag leisten kann und soll, der in meinen Kräften steht. Und wenn viele das tun, dann wird die Welt eben nicht untergehen, sondern sie wird gerettet, immer wieder.

Als junger Mann dachten Sie, Sie müssten die Welt retten?

Ja. Viele meinen, ich sei Grüner, weil ich Christ bin. Es war aber eher umgekehrt. Diese tiefe politische Überzeugung hat mich zum Glauben zurückgeführt. Ich bin auch der Ansicht, dass religiöse Eltern ihre Kinder religiös erziehen müssen. Wenn man das nicht macht, dann werden sie nicht religiös werden. Lösen vom Glauben können sie sich immer, wenn sie ihn verlieren.

Wenn Sie das so kategorisch sagen, drängt sich die Erwähnung einer aktuellen Kontroverse auf: Diese religiöse Erziehung soll bei Muslimen und Juden die Beschneidung einschließen?

Eindeutig ja. Wir können Muslimen und Juden – schließlich gehört sie zum innersten Kern ihrer Religion – die Beschneidung nicht verbieten. Sie werden sie sich schlicht nicht verbieten lassen. Es wäre ja absurd, Juden und Muslimen pauschal zu unterstellen, sie liebten ihre Kinder nicht. Wir sollten mit ihnen über die Modifizierung streiten, etwa was die Betäubung betrifft.

Ein Kind wird immer „erzogen" im Sinne von beeinflusst. Aber dass es beschnitten wird, ohne gefragt zu werden mitreden zu können, das geht weit über Beeinflussung hinaus. Tatsache ist: Die Eltern leben ihre Zugehörigkeit zur religiösen Gemeinschaft mit Hilfe eines Eingriffs am Körper ihres Sohnes.

Unsere Hochreligionen sind Gemeinschaftsreligionen. Die Moderne hat Individualrechte herausgearbeitet. Das ist ihr großer Fortschritt, und daran will ja auch niemand rütteln. Das bricht sich aber heute am Gemeinschaftsgedanken. Aber das alles sind sehr komplizierte Fragen. Religionsfreiheit, das Recht auf Erziehung, auf körperliche Unversehrtheit und das Recht des Kindes müssen gegeneinander abgewogen werden. Dazu liegt jetzt ein Gesetzentwurf vor. Er wird ziemlich sicher vor dem Bundesverfassungsgericht landen. Und das ist auch die richtige Beurteilungsinstanz für solch umstrittene Fragen.

Ganz am Rande bemerkt: Solche Themen werden ja, wenn sie aktuell und von einer gewissen Bedeutung sind, auch in unseren Talkshows behandelt. Über die wiederum haben Sie kürzlich öffentlich gesagt, man sei als Zuschauer nachher oft dümmer als vorher. Man könnte aber eher einen Wert darin sehen, dass solche Themen vor einem interessierten Millionenpublikum abgehandelt werden.

Es kommt halt aufs Niveau an. Wenn, wie einst geschehen, Gotthilf Fischer und Daniel Cohn-Bendit über Singen diskutieren, dann kann ja nur Klamauk dabei herauskommen. Man muss Leute zusammenbringen, die nicht völlig auseinander sind, die sich noch etwas zu sagen haben. Sonst klärt man nicht auf, sondern redet an den anderen und am Publikum vorbei.

Kapitel VII

Über den Abstand zur FDP, fruchtlose Appelle zum Verzichten und den Unterschied von falschem und richtigem Jammern

Noch einmal zurück zu den Grünen. Manche Kritiker beschreiben sie zwar nicht als Dagegen-Partei, aber als eine Art ökologisch orientierte FDP-Variante – mit den Kennzeichen: Besserverdiener, überdurchschnittlich gebildet, sozial eher indifferent, angesteckt von Neoliberalismus und Gewerkschaftsferne. Was ist da dran?

Nichts. Das ist einfach Quatsch. Die Grünen rekrutieren sich hauptsächlich aus dem Bildungsbürgertum. Logischerweise gehören deshalb viele Mitglieder und Anhänger zu den Besserverdienenden. Es gibt aber ganz wenige reiche Grüne. Und mit Neoliberalismus hatten wir noch nie etwas am Hut. Wie die FDP gegenwärtig dasteht, ist keine Partei so weit von uns entfernt wie sie. Ich halte es für sehr abseitig, eine ideologische Verbindung zwischen uns herstellen zu wollen. Wir haben eine Leitidee: der Markt, der Wohlstand und Arbeit generiert, der gewaltenteilende Staat, der für Sicherheit, für Ordnung, für Gerechtigkeit, für Interessenausgleich sorgt, und die Bürgergesellschaft, die der Ort der Freiheit selber ist, der Kreativität, der Ideen, der Visionen. Mein persönliches Anliegen und das Anliegen meiner Regierung ist es, diesen alten Gegensatz „Staat oder Privat", den die FDP immer weiter vor sich herträgt, aufzubrechen und klar zu machen, dass das eben nicht alles ist.

Und was ist mit den Einschnitten in die sozialen Sicherungssysteme, die die rot-grüne Bundesregierung zu verantworten hat?

Man muss in bestimmten Situationen die Wirtschaft entlasten, das ist doch vernünftig. Wir müssen ein Grundproblem erkennen und benennen. Immer mehr Menschen wollen Öko, aber zugleich keine Abstriche an ihrem Wohlstand hinnehmen. Das geht nicht auf. Aber gerade wir Grüne wissen auch, dass wir mit Verzichtsappellen nicht weiterkommen. Wenn wir unsere Geschichte ansehen, waren wir mit Verzichtsappellen immer höchst unerfolgreich. Erfolgreich waren wir dort, wo ökologische Einsicht und technische Lösungen Hand in Hand gingen. So gesehen sind wir eine im besten Sinne wirtschaftsfreundliche Partei. Wir wollen eben, dass die Wirtschaft nachhaltig arbeitet. Das reicht von den Finanzmärkten über den Umgang mit der Natur – da komme ich wieder auf das Beispiel Tourismus – bis hin zur Energiewende. Das alles hat doch mit Neoliberalismus nicht das Geringste zu tun. Wir verherrlichen den Markt nicht und wir verdammen ihn nicht. Wir versuchen, den Märkten Rahmenbedingungen zu geben, damit sie darin ihre Kräfte sinnvoll entfalten können.

Dazu zählte unter anderem die Senkung des Spitzensteuersatzes in der Bundesregierung Schröder/Fischer.

Das würde man heute nicht mehr machen. Aber hinterher ist man immer schlauer. Nur: Mit Neoliberalismus hatte diese Entscheidung auch nichts zu tun. Der verlangt nach marktradikalen Positionen, und die haben die Grünen noch nie vertreten. Wir haben es übrigens auch nicht vor, es gehört nicht zu unserem Programm.

Stattdessen sollen der Wirtschaft klarere Vorgaben gemacht werden?

Es geht um Regeln, eben um einen Rahmen. Der ist mal enger und mal weiter. Es hat keinen Sinn, ihn so eng zu fassen, dass die Betriebe entweder abhauen oder insolvent gehen. Ich erziele immer Heiterkeitserfolge, wenn ich sage: Die Kunst besteht darin, das falsche vom richtigen Jammern zu unterscheiden. Dabei meine ich das sehr ernst. Natürlich muss man auf Bedürfnisse der Wirtschaft reagieren. Daraus würde ich aber keine Ideologie machen, und schon gar keine neoliberale. Ganz im Gegenteil: Wir dürfen nicht der Behauptung auf den Leim gehen, dass nur Marktradikale richtig auf die Bedürfnisse der Wirtschaft reagieren. Was ich mitnehme aus meinen vielen Besuchen bei Unternehmen, ist, wie viele klare, planbare, auch ökologische Vorgaben sie haben wollen. Denn das ist genau das, was die Unternehmen brauchen, um mit ihren Innovationen weiterzukommen. Ein Mittelständler beispielsweise, der besser ist als andere – im Know-how, in der Forschung und Entwicklung –, der kann diesen Vorsprung leichter nutzen, wenn wir ihn mit den richtigen Rahmenbedingungen belohnen.

Und herauskommt wieder einer jener Spitzenplätze, den Ihre Vorgänger meinten für das Land gepachtet zu haben?

Ich habe mich in meiner langen Oppositionszeit oft geärgert über dieses gebetsmühlenhafte Bestehen auf Spitzenplätzen. Warum soll es ein so großes Ziel sein, andere grundsätzlich hinter sich zu lassen? Zumal zu hohen und höchsten Preisen. Ich kann mich erinnern – da waren wir noch gar nicht lange im Parlament, es muss also Anfang der Achtziger Jahre gewesen sein –, dass wir eine Debatte zur Wirtschaftspolitik und unsere natürlichen Lebensgrundlagen vom Zaun gebrochen haben. Ich habe mich damals über den Fortschritts- und Wachstumswahn der Regierung von Lothar Späth aufgeregt. Und darüber, dass drei Vogelarten ausgestorben sind. An die Reaktionen kann ich mich auch noch sehr gut erinnern: Es war, als kämen wir von einem anderen Stern. Heute können wir zeigen, dass diese unsere Haltung nicht im Gegensatz zu Wohlstand und wirtschaftlicher Prosperität steht. Die Grünen haben in den vergangenen 30 Jahren viele Häutungen durchgemacht. Aber die Modernisierung der Volkswirtschaft ist immer eines unserer zentralen Projekte geblieben. Am Anfang meiner Amtszeit bin ich oft gefragt worden, was jetzt aus dem Wirtschaftsstandort wird. Das hatte auch mit Vorurteilen gegenüber den Grünen zu tun. Natürlich wollen wir, dass Baden-Württemberg, dass Deutschland seine Wirtschaftsstärke ausspielen kann. Ich will aber keine „Höher-Besser-Weiter-Rhetorik", ich will die entsprechenden Ergebnisse präsentieren. Die Kreativität, die aus den knappen Ressourcen erwächst, ist doch längst Teil unseres Wirtschaftslebens. Das Öl wurde knapp, Energie verteuerte sich – heute sind regenerative Energien Exportschlager.

Kapitel VIII

Über die Energiewende, die Sonne, die keine Rechnung schickt, und den Bäcker, der sie für die Großen zahlt

Das zuletzt Gesagte führt uns geradewegs zum Megathema der deutschen Politik der nächsten Jahre, der Energiewende. Müsste denn die Politik nicht die Wirtschaft, die so viele Bremsgeräusche von sich gibt und auch ganz konkrete Bremsmanöver macht, viel stärker an die Kandare nehmen?

So einen Ausdruck würde ich mir natürlich keinesfalls zu eigen machen.

Welchen dann?

Mir ist jedenfalls rätselhaft, wieso sich die Wirtschaft vorrangig an den Problemen festbeißt und viel zu wenig sieht, welche Chancen hier gerade für den Mittelstand liegen. Man sollte verstehen, dass die Energiewende revolutionäre Konsequenzen für die ganze Gesellschaft, für die ganze Ökonomie hat, und zwar positive revolutionäre Konsequenzen.

Kann man der Wirtschaft das denn nicht einsichtig machen bei einschlägigen Begegnungen?

Doch. Aber da wird ihr zum Verhängnis, dass sie in diesen Bereichen an CDU und FDP sozusagen angebunden war. Es kommen halt immer dieselben ollen Kamellen –

zum Beispiel der Hinweis auf die steigenden Strompreise. Die Strompreise sind aber schon immer gestiegen. Statt sich um mehr Effizienz zu kümmern, was doch die einzige sinnvolle Antwort auf höhere Preise wäre, wird prozessiert, zum Beispiel um die Umlagen wegzubekommen. Das ist unglaublich kurzsichtig und abwegig. Aber ich höre auch andere Stimmen, die sagen: Es ist gut, dass das jetzt unumkehrbar ist. Am konservativsten sind da immer die Verbände. Deshalb ist es wichtig, mit einzelnen Unternehmern zu reden, um sich ein realistisches Bild zu verschaffen. Denen sage ich ganz klar, dass es überhaupt keinen Anhaltspunkt für die Annahme gibt, dass die Preise explodieren. Sehr viele Unternehmen haben das aber auch schon begriffen und gehen voll auf Effizienz. Was die Politik machen muss, ist, aus ökologischen Gründen aufs Tempo zu drücken. Aber der Trend ist erkannt. Da bin ich sehr zufrieden.

Nicht wenige Experten, darunter sogar solche, die dem Atomausstieg prinzipiell zustimmen und anfangs auch die beschlossenen Fristen für machbar gehalten haben, äußern mittlerweile Zweifel, ob die Abschaltung der Atommeiler tatsächlich nach dem beschlossenen abgestuften Zeitplan vonstatten gehen kann. Vor allem weil Leitungen und Speicher für erneuerbare Energien nicht schnell genug fertig zu werden drohen. Teilen Sie solche Bedenken?

Der bisherige Zeitplan ist jedenfalls sehr ambitioniert. Und ich empfehle da jedem, nicht drumherum zu reden. Überzeugen kann nur, wer die Herausforderung offen anspricht. Ein Beispiel ist die Frage nach den Investoren.

Erste Stimmen aus Versicherungen oder Sparkassen lassen eine Investitionsbereitschaft erkennen. Da der Netzausbau unterfinanziert ist, sind solche Signale von größter Bedeutung. Wir brauchen seriöse Investoren, die ihr Kapital in solche Infrastrukturen stecken, auch wenn das nicht hochprofitabel, sondern nachhaltig profitabel ist. Einen maximalen Spekulationsgewinn wird da niemand herausholen. Aber das können wir auch nicht wollen. Auch den Weg, die Netze in die öffentliche Hand zu übergeben, müssen wir ernsthaft erwägen, wenn es anders nicht richtig geht.

Und wenn die Leitungen unter die Erde gelegt werden müssen, etwa wegen des Widerstands der Anwohner, fällt die Rendite noch geringer aus.

Immer wenn es um Infrastrukturmaßnahmen geht, gibt es Proteste direkt Betroffener. Damit muss man rechnen, dem muss man Rechnung tragen. Am grünen Tisch wird ein Trassenverlauf festgelegt, das geht ja auch gar nicht anders – und dazu müssen oder können zumindest Alternativen ausgearbeitet werden. Wer die verlangt, darf nicht gleich als Wutbürger – ich sage nur noch einmal Stuttgart 21 oder erinnere an den Berliner Flughafen – verschrien werden. Aber irgendwann ist entschieden, und dann wird der Mast konkret in die Landschaft gesetzt – aus Planung wird Realität. Das gehört zum Normalbestand eines dichtbesiedelten Landes. Ich kann, ehrlich gesagt, nicht verstehen, warum man sich darüber echauffieren muss. Ich verlange von niemandem Begeisterung, das ist doch klar, aber ich verlange den Blick für

Notwendigkeiten. Wozu aber andererseits auch gehört, dass die Verlegung unter die Erde als Alternative nicht einfach aus Kostengründen von dem gerade erwähnten grünen Tisch gewischt wird. Da muss Maß und Mitte gefunden werden, von allen Beteiligten. Wir stehen unter erheblichem Zeitdruck.

Gerade das macht die Kompromissfindung nicht einfacher.

Sie bleibt aber notwendig. In der Nähe von Wohnsiedlungen zum Beispiel werden wir stärker unter die Erde gehen müssen. Es soll aber auch niemand glauben, dass der Protest auf jedem Maisacker berücksichtigt werden kann. Da bin ich für klare Worte. Wie gesagt: Das richtige Jammern muss unterschieden werden vom falschen. Keine leichte Aufgabe, aber eine lohnende. Wir haben das klare Ziel Energiewende parteiübergreifend festgeschrieben. Dazu brauchen wir Trassen oder Standorte für neue Windkraftanlagen. Hinter dieses Ziel können und wollen wir nicht zurück. Ich kann niemanden am Versuch hindern, örtlichen Widerstand in politisches Kleingeld umzumünzen. Das müssen diejenigen mit sich selbst ausmachen. Ich kann aber versuchen, die Leute mit positiven und konstruktiven Argumenten zu erreichen.

Die da wären?

Ganz pragmatisch erinnere ich daran, dass wir doch nicht die ersten Stromtrassen bauen in diesem Land. Und im Grundsatz appelliere ich an jeden, daran zu denken, wie groß die Zustimmung zum Ausstieg aus der

Atomkraft ist. Ich kann mir am Ende eine Entwicklung vorstellen, die in eine ganz andere Richtung geht, dass sich Kommunen sogar darum reißen, einen Windpark auf ihrer Gemarkung zu errichten, und wir sagen, das geht nicht, weil wir die Anlagen konzentrieren.

Dann haben Sie neuen Ärger, nur diesmal andersherum.

Das ist wahr. Aber zugleich haben wir die Erfahrung gemacht, wie groß das konkrete Interesse an der Energiewende ist. Dass sich jetzt andeutet, wir könnten am Ende zu viele statt zu wenige Interessenten haben, ist eine Entwicklung, die einen grünen Ministerpräsidenten doch freuen muss.

Was kann jenseits allgemeiner Bekenntnisse, die mehr oder weniger alle unterschreiben würden, der Einzelne realistischerweise tun, damit die Zäsur der Energiewende funktioniert?

Sie ist ein Projekt der Bürgergesellschaft. Es gibt eben nicht mehr nur die vier bundesweit agierenden Oligopole, sondern jeder kann Energie erzeugen, er kann für mehr Effizienz sorgen, er kann seinen Warenkorb anders gestalten als bisher, er kann eine Genossenschaft gründen. Die schießen derzeit wie Pilze aus dem Boden. Allein in Baden-Württemberg haben wir jetzt, also im Sommer 2012, schon 130 000 Energieerzeuger. Und wenn wir demnächst in kleinen Gebäudeeinheiten Energie speichern können, dank neuer Technologie, dann wird das eine Revolution verursachen. Sie wird alles auf den Kopf stellen, was wir bisher bei der Energieversorgung kannten. Es ist faszinierend zu sehen, wie da in einem wichtigen Sektor so vieles von oben nach unten wandert. Das hat etwas Urdemokratisches. Und es ist ein soziales Projekt. Jedenfalls dann, wenn man nicht mit so unsinnigen Einfällen kommt wie Sozialtarifen beim Strom.

Was spricht gegen sie?

Besser ist Beratung, wie man einen Haushalt energetisch sinnvoll modernisiert; oder ein Zuschuss zu einem energiesparenden Kühlschrank. Aus den USA wissen wir, dass Billigtarife gar nichts nützen. Die Leute kaufen dann den billigsten Kühlschrank, der Strom frisst ohne Ende. Solche Billigtarife bewirken nur Verschwendung, aber keinerlei Vorteile für die sozial Schwachen. Bildungsferne oder sozial Schwache gehen mit Energie oft sehr ineffizient um. Empowerment, also die Befähigung, das aus eigener Kraft zu ändern, hilft weitaus mehr. Und insofern haben wir es hier auch mit einem sozialen Projekt zu tun.

Hätten Sie in Ihren vielen Oppositionsjahren je gedacht, dass wir im Jahre 2012 über eine beschlossene Energiewende und ihre Realisierung reden?

Wir haben in der rot-grünen Bundesregierung schon die entscheidenden Weichen gestellt, insofern ist die Energiewende keine Erfindung des Jahres 2011 – sie ist schon über zehn Jahre im Gange. Und außerdem: Bei solchen gesellschaftlichen Kernthemen regiert man als gute Opposition immer schon mit. Da setzt man Trends, die der andere irgendwann übernehmen muss. Und jetzt sind wir außerdem noch Regierung in Baden-Württemberg. Anders als die Opposition kann eine Regierung eben nicht nur schieben, sondern auch ziehen. Und das beflügelt ungemein.

Was geschieht, wenn – im Extremfall – die Fristen doch nicht eingehalten werden können? Könnte der Atomausstieg noch gestreckt werden?

Dieses Fass mache ich jetzt nicht auf. Wir haben uns festgelegt, wir haben klare Ziele, wir machen Druck, wir haben noch zehn Jahre, und wir haben mit Österreich und der Schweiz Nachbarn, die sehr stark noch einmal in die Wasserkraft und Speichertechnik gehen, zum Beispiel im Montafon. Wenn man mit denen gescheite Verträge macht, bekommt man das alles hin. Von dieser Überzeugung bringt mich keiner ab.

Und wenn es doch einmal zu Mangelsituationen oder sogar Abschaltungen käme?

Für mich ist klar, dass die jederzeitige Versorgungssicherheit den gleichen Stellenwert wie Wirtschaftlichkeit und Umweltverträglichkeit hat – für private Haushalte und für die Industrie. Das ist selbstverständlich. Aber ich sehe auch gar nicht, wie wir in diese Situationen kommen könnten. Vor allem, wenn wir offen ansprechen, dass nicht jeder zum Beispiel seine Waschmaschine zu jeder Tageszeit laufen lassen muss.

Das hat Erhard Eppler schon vor dreißig Jahren gepredigt.

Zu Recht, aber das war damals ein Appell an die Einsicht. Und doch sind dem sicher auch manche gefolgt, es waren aber nicht genug, um einer Entzerrung im Verbrauch die Basis zu legen. Wir haben heute ganz andere Mittel. Wir brauchen keine Verordnungen oder gesetzliche Vorgaben. Es gibt Steuerungssysteme, die schalten Geräte ein, wenn viel Strom im Netz ist. Ich hatte kürzlich Experten zu einem Gespräch über smart grids geladen, also über intelligente Netze. Da gibt es ungeahnte Möglichkeiten, und keineswegs alles ist bloß Zukunftsmusik. In einem Schweizer Kanton laufen sogenannte Rundsteuerungen schon seit zwanzig Jahren. Da liegen wir weit zurück. Hätten wir Grüne das vor zwanzig Jahren ins Spiel gebracht, wäre das sofort als Planwirtschaft denunziert worden. Inzwischen können wir überzeugende technische Lösungen anbieten. Und ich will nicht verhehlen, dass sich auch das gesellschaftliche Bewusstsein verändert hat. Wir haben Zeit verloren, das will ich nicht kleinreden, aber wir sehen uns heute auch einer ganz anderen Akzeptanz gegenüber.

Nobel, im Nachhinein die Bremser nicht beim Namen zu nennen. Zumal sich populistische Stimmen auch weiterhin ordentlich Gehör verschaffen können, zum Beispiel in der Diskussion um explodierende Strompreise infolge der Erneuerbaren Energien.

Preiserhöhungen jedweder Art sind ein Einfallstor für das Agitieren von Populisten. Und natürlich müssen wir einräumen, dass die Energiewende nicht zum Nulltarif zu haben sein wird. Trotzdem bin ich der festen Überzeugung, dass nach einem moderaten Anstieg über die nächsten Jahre mittel- und langfristig die Energiepreise wieder sinken werden. Und niemand kann behaupten, dass die Strompreise ohne die Energiewende nicht steigen würden – Öl, Gas und Kohle werden weltweit immer knapper. Studien prognostizieren, der Strompreis werde nicht höher steigen als vor der Energiewende. Es bleibt nun mal dabei: Die Sonne schickt uns keine Rechnung, der Wind auch nicht, und nach Adam Riese muss und wird sich das auf die Dauer bemerkbar machen. Was mich aber am meisten fuchst, das sind die Nebelkerzen, die den dringenden Veränderungsbedarf verschleiern sollen. Etwa 700 der größten Stromfresser in der Republik sind befreit von der Netz- und der EEG-Umlage. Die verbrauchen etwa 18 Prozent der gesamten Stromproduktion in Deutschland – und zahlen nichts. Die Lasten müssen anders und gerechter verteilt werden, unter Berücksichtigung der Tatsache, dass sich viele Betriebe auch im internationalen Wettbewerb behaupten müssen, das ist klar. Aber warum sollte ein Bäcker industrielle Energiefresser mit subventionieren? Dafür gibt es keinen Grund. Und das muss man immer wieder klarmachen, auch wenn das Geschrei groß ist. Und dass der Strompreis an der Leipziger Börse seit Jahren sinkt, ohne dass das an die Verbraucher weitergegeben wird, ist hochgradig ärgerlich.

Wie können und sollen sich die Bürger wehren?

Jeder kann sofort etwas tun, zum Beispiel den Stromanbieter wechseln. Das geht per Postkarte oder ganz einfach im Internet. Eine weitere Antwort auf diese Frage heißt: Effizienz. Es gibt so viele Stellschrauben in jedem Haushalt, in jedem Unternehmen. Da sind so viele Reserven drin. Und ganz wichtig sind Information und Beratung. In kaum einem anderen Sektor ist Beratung so lohnend und wirksam wie beim Nutzen und Einsparen von Energie. Da gibt es riesige Potenziale. Durch moderne Technologien könnte mittelfristig der Energieverbrauch von fast 140 Millionen Haushalten eingespart werden. Das sind 80 Prozent der Haushalte in Westeuropa. Das ist die dritte industrielle Revolution. Wir müssen es auf allen Ebenen schaffen, den Ressourcenverbrauch vom Wirtschaftswachstum zu entkoppeln.

Kapitel IX

Die Lektionen des Lothar Späth, Hemd und Rock und das Lächerliche am ewigen Protestmodus

Herr Kretschmann, neben Wolfgang Schäuble und Horst Seehofer sind Sie der einzige aktive Spitzenpolitiker in Deutschland mit einer Erfahrung von über drei Jahrzehnten im Politikbetrieb. Wie erinnern Sie sich heute an das Frühjahr 1980, als Sie mit fünf anderen Grünen in den Landtag von Baden-Württemberg einzogen?

Sehr intensiv. Vor allem, weil es Parallelen gibt zu meiner Gefühlslage bei der Wahl zum Ministerpräsidenten. Die Grünen kamen damals erstmals in das Parlament eines Flächenlandes. Das war das Gefühl eines großen Durchbruchs, ein Erlebnis, das man nur als Pionier haben kann. Der Gedanke des Ökologischen hat zweimal durchgeschlagen. Damals, aufgebaut in den Milieus, in denen wir uns bewegten, hat er uns getragen bis hin zum Sprung über die Fünf-Prozent-Hürde. Wir waren nicht links, wir waren nicht kapitalistisch, wir waren auf der ehrlichen Suche nach einem dritten Weg. Wir wollten das Andere in der Politik. Und bei meiner Wahl im März 2011 hatte ich das Gefühl: Jetzt sind unsere Ziele endgültig angekommen in der Mitte der Gesellschaft. Das war einfach überwältigend.

Der Regierungschef hieß 1980 Lothar Späth und verfolgte den Plan, mit einer angegrünten, vergleichsweise modernen CDU-Politik die grüne Episode schnellstmöglich wieder zu be-

enden. Was haben die Grünen und ihre kleine Landtagsgruppe – zur Fraktion fehlten seinerzeit noch ein paar Sitze – davon bemerkt?

Vor allem, dass es ihm nicht gelang. Für uns war sein Umgang mit den Grünen im Rückblick vielleicht sogar hilfreich. Das hatte so etwas Sportlich-Realpolitisches. Seine Reden begannen oft mit der Formulierung: Nehmen wir mal an, es wäre richtig, was Sie sagen. Und dann versuchte er, uns Lektionen in Realpolitik zu erteilen. Ich habe das als eine durchaus produktive Art der Auseinandersetzung empfunden, die mich immer wieder auch zum Nachdenken brachte. Wir waren damals so eine bunte Mischung, wurden mal als Staatsfeind, mal als Paradiesvogel gesehen. Das war wahrlich nicht immer lustig. Aber es trug dazu bei, dass viele der etablierten Politiker, wie wir sie nannten, davon ausgingen, dass sie es da mit dem üblichen Protestpotenzial zu tun haben – und dass es bald wieder verschwinden wird. Jedenfalls hatten wir es schwer, uns bemerkbar zu machen. Andererseits hatten wir auch die Gelegenheit, in diesem Parlament an sehr vielen Themen sehr intensiv herumzudenken und uns weiterzuentwickeln.

Hätte Winfried Kretschmann damals jemand prophezeit, er würde gut 31 Jahre später Ministerpräsident …

… dann hätte ich das in dieser Anfangsphase wahrscheinlich sogar für möglich gehalten. Diese Euphorie hat uns glauben lassen, dass das der Beginn einer riesigen Eroberung ist.

Und dann kamen die Mühen der Ebene.

In der so eine Prophezeiung eine groteske Vorstellung gewesen wäre. Ich habe selbst einmal Ende der Achtziger Jahre auf einem Parteitag sogar heftig davor gewarnt, an einen Wahlsonntag zu glauben, der uns 15 Prozent beschert.

Gut zwei Jahrzehnte später waren es für die Grünen hier im Südwesten zehn Prozent mehr.

Allerdings habe ich damals schon gesagt: Eine gute Opposition regiert immer mit.

Sie haben sich ganz persönlich aber auch sehr lange mit der Oppositionsrolle arrangiert, arrangieren müssen.

Eben mangels Regierungsmöglichkeit, könnte ich jetzt sagen, aber das ist nur ein Teil der Wahrheit. Ich war sehr lange Zeit der festen Überzeugung, dass eine grüne Partei, die immer versucht, in diesen langen Linien zu denken, der also in Umkehrung des bekannten Spruchs der Rock näher ist als das Hemd, eine mal kleinere und mal größere Rolle spielen wird. Wir haben immer versucht, langfristige gegen kurzfristige Interessen in Stellung zu bringen. So etwas mindert immer wieder die Chancen gewaltig. Es gibt noch einen Spruch, der von uns stammt und inzwischen Bestandteil von Unternehmensstrategien in Zeiten der Globalisierung geworden ist: Mit grünen Ideen schwarze Zahlen schreiben. So hat sich die Welt verändert.

Auch zugunsten der Grünen?

Zugunsten der Welt. Ich will nicht übertreiben, aber ich empfinde schon so etwas wie Genugtuung. Wir können heute über unsere kleine Minderheit hinaus, die wir immer waren, erfolgreich sein. Die Energiewende ist das beste Beispiel. Wir haben nicht versucht, politisch das Rad neu zu erfinden – das wäre auch gescheitert, das Rad ist nämlich schon erfunden –, sondern wir haben zum richtigen Zeitpunkt unsere richtigen Überzeugungen einbringen können.

Was ist davon geblieben, das Andere in der Politik zu wollen?

Die Ökologiebewegung hat als fundamentalen Erneuerungsimpuls das Denken in Alternativen in die deutsche Politik gebracht. Und das ist mir geblieben, das wird mir immer bleiben – vielleicht auch wegen meiner Anfänge im Linksradikalismus, der ja meint, Geschichte müsse einen ganz klaren Verlauf nehmen. Der Schritt hin zu den Grünen war auch der entscheidende Schritt weg vom totalitären Denken.

Nicht wenige Beobachter sehen die heutigen Grünen allerdings auf dem Weg in eine Entpolitisierung, zu einer Anpassung an Mitte und Mainstream, im Vergleich mit anderen Parteien kaum weniger interessiert an Eroberung und Erhaltung von Machtpositionen im Sinne des Selbstzwecks.

Das halte ich für falsch. Kein Mensch bleibt ewig ein Jugendlicher. Eine Partei kann sich nicht ewig im Protestmodus halten. Da würde sie sich ja lächerlich machen. Wir sind eine programmatische Alternative. Wer Anpassung beklagt, schaut zumindest auch nostalgisch auf die Vergangenheit.

Beim Thema Kriegseinsätze, um nur ein Beispiel zu nennen, hat diese Anpassung aber zweifelsfrei stattgefunden.

Radikalen Pazifismus kann es immer nur individuell geben. Ein Staat kann nicht pazifistisch sein, sonst liefert er seine Bevölkerung jedem beliebigen Aggressor aus und macht sie völlig hilflos. Ich persönlich war auf diesem Weg ohnehin nie. Und der allgemeine Gesinnungspazifismus ist heute Standard der Politik. Jeder muss skrupulös begründen, wenn er Militäreinsätze befürwortet – und dieses „Begründen-Müssen" macht schon einen wesentlichen Unterschied. Natürlich waren das nicht allein die Grünen, aber wir waren es auch. Niemand wird sagen können, wir hätten nichts bewirkt – mit einem Nein übrigens, nur zur Erinnerung.

Kapitel X

Über Politiker als Menschen wie du und ich, die derangierte CDU im Ländle und den Aufwand im politischen Alltag

In diesen zurückliegenden Jahrzehnten haben Politik und Politiker in den Augen der Bevölkerung an Reputation nicht gewonnen. Im Gegenteil, die Verdrossenheit wächst unentwegt. Bei manchen Politikwissenschaftlern wirft sie zusammen mit den anderen gegenwärtigen Krisen sogar schon grundsätzliche Fragen nach der Zukunft der europäischen Demokratien auf.

Ich stelle mir oft die Frage, ob Politikverdrossenheit nicht ein Ausdruck dafür ist, dass bei uns auf hohem Niveau gejammert wird, dass viele Leute keine großen Probleme haben. Die auf der Schattenseite einer entwickelten Gesellschaft sind leider oft nicht die Lautesten. Oder: Kann eine niedrige Wahlbeteiligung nicht auch Ausdruck der Zufriedenheit mit unseren Institutionen sein? Die Basis des Gemeinwesens bleibt unabhängig vom Wahlausgang bestehen. Niemand muss von Baden-Württemberg nach Bayern auswandern, weil hier Grün-Rot regiert. Außerdem will ein wachsender Teil der Menschen mitmischen und sich engagieren. Der wächst auch bei uns noch, obwohl ohnehin 40 Prozent der Baden-Württemberger im Ehrenamt tätig sind.

Wie begegnet Ihnen Politikverdrossenheit, wo und wie erleben Sie dieses Misstrauen gegenüber der charakterlichen Substanz von Politikern und diesen Verdacht, die dächten vornehmlich an sich selbst?

Gar nicht. Das wirkt jetzt vielleicht ein bisschen schnell dahingesagt. Aber es ist, bis auf sehr wenige Ausnahmen, richtig. Wo ich hinkomme, treffe ich auf Wohlwollen und Freundlichkeit. Das korrespondiert mit den schon erwähnten hohen Popularitätswerten, die ich im Moment habe. Natürlich gibt es andere Einzelfälle, wie den des Stuttgart 21-Gegners, der neulich beim Aussteigen aus der Straßenbahn die Vorgänge um den Bahnhof mit dem Dritten Reich verglich. Da bin ich ziemlich ruppig geworden. Ich habe deutlich gesagt, dass wir in einem geordneten Gemeinwesen leben und dass ich das nicht hören will. Als er stattdessen sagte, dass auch Hitler legal an die Macht gekommen sei, musste ich schon sehr an mich halten. Ich habe die Unterhaltung beendet und bin gegangen. Gegen Verstiegenheit ist einfach kein Kraut gewachsen.

Nehmen wir mal an, es wäre richtig, was Sie sagen, um Lothar Späth zu zitieren: Auch wenn eine niedrige Wahlbeteiligung Ausdruck von Zufriedenheit sein kann, so könnte die Sache aber dennoch irgendwann kippen und die Legitimationsbasis allzu schmal werden.

Ich hatte ja schon darauf aufmerksam gemacht, dass es ganz normal geworden ist, dass sich eine moderne Gesellschaft in Subkulturen gliedert. Die einen machen den VfB zu ihrem Lebensmittelpunkt, die nächsten ihre Kirchengemeinde, wieder andere die Grünen. Das zu verstehen und richtig einzuordnen, war ein wichtiger

Lernprozess für mich. Mir hat vor vielen Jahren ein Unternehmer auf einer Versammlung gesagt, ich müsse davon ausgehen, dass das, was ich zu meinem Lebensmittelpunkt gemacht habe, für andere nicht einmal relevant ist. Das war für mich ungemein erhellend. Aber natürlich stelle ich mir auch die Frage, was eigentlich eine moderne Gesellschaft zusammenhält. Das treibt mich um, weil sich diese Subkulturen nicht zu Parallelgesellschaften entwickeln dürfen. Das ist die Gefahr. In der Finanzmarktkrise haben wir gesehen, was da läuft: Die Bankmanager der höheren Etagen haben relativ abgeschottet in ihren Milieus gelebt, in einem eigenen Kosmos, und das hatte etwas Sektenhaftes. Und dann haben sie auch noch voller Verachtung über Politik und Politiker gesprochen. Was täten die denn heute in der Bankenkrise ohne diese verachteten Politiker?

Wo sehen Sie die Bindungskräfte, die diese fragmentierten Teile der Gesellschaft dennoch zusammenhalten oder jedenfalls leidlich zusammenhalten könnten?

Darauf habe ich keine abschließende Antwort. Politiker müssen etwas tun zur Entwicklung dieser Bindungskräfte, weil sonst jeder meint, seine Gerechtigkeit sei die Gerechtigkeit der Welt. Diesem fundamentalen Irrtum begegne ich sehr häufig. Ein Gesundheitswesen ist ja nicht schon dann ein gerechtes Gesundheitswesen, wenn ein bestimmtes Individuum damit zufrieden ist. Und ich sehe natürlich auch, um das Wort von der Verdrossenheit zu vermeiden, dass die Unzufriedenheit mit der Politik zunimmt. Das besorgt mich. Zivilisierter

Streit z. B. ist etwas, was eine moderne Gesellschaft zusammenhält, so paradox das auch klingen mag.

Tun denn die Politiker aus Ihrer Sicht genug, um dem entgegenzuwirken?

Das ist eine sehr pauschale Frage. Da kann man immer antworten, dass sie natürlich nicht genug tun.

Wie erleben Sie persönlich Politiker, ganz konkret zum Beispiel Ihre Ministerpräsidentenkollegen und -kolleginnen?

Die sind in Ordnung, was keinesfalls oberflächlich oder salopp klingen soll. Die Frage, wie der oder die denn in so ein Amt gekommen sein mag, stellt sich für mich nicht einmal im Ansatz. Alle, ohne Ausnahme, sind interessiert an einem ehrlichen Ringen. Das berührt mich absolut positiv. Und da muss ja schon mal die Rückfrage ans Publikum erlaubt sein, woher denn dieses Misstrauen eigentlich rührt, mit dem Politiker beäugt werden? Da komme ich wieder auf diese überhöhten, oft gar nicht erfüllbaren Ansprüche. Wir Politiker unterscheiden uns in Wahrheit doch in nichts vom Querschnitt der Bevölkerung. Überall gibt es „sotte und sotte“, wie wir Schwaben sagen. Die Menschen übertragen uns Aufgaben, und zwar zeitlich befristet, und die nehmen wir wahr. Deshalb sind wir aber noch keine besseren Menschen, die dann logischerweise ständig bei irgendwem mehr oder weniger große Enttäuschungen produzieren. Es wäre erstens richtig und zweitens nützlich, wenn die Bürger sich das immer mal wieder klarmachten – es würde ihnen und uns einige Aufregung ersparen.

Sie betrachten den Politikbetrieb mit bemerkenswerter Gelassenheit. Die bringt nicht jeder auf.

Man darf manche Dinge eben nicht überbewerten. Nehmen Sie die Opposition in Baden-Württemberg. Die ist derangiert. Nach dem Machtverlust nach gefühlt ewiger Regentschaft hat vor allem die CDU ihre neue Rolle bisher in keiner Weise gefunden. Das ist aber nachvollziehbar. Da hat es tiefe Schocks für einzelne gegeben, die müssen überwunden werden. Und realistischerweise muss man wahrscheinlich einfach sehen, dass, wer fast 60 Jahre regiert hat, sich schwer tut mit der Erkenntnis, dass eine Opposition auch Gestaltungschancen bietet, eben weil sie immer mitregiert, wenn sie gut ist. Das braucht aber seine Zeit. Und Politiker sind eben auch nur Menschen. Ich empfehle sehr, zu erkennen und sich damit abzufinden, dass es sich bei Politikern nicht um eine Positiv-Auslese aus der Bevölkerung handelt, aber ebenso wenig um das Gegenteil.

Noch einmal andersherum: Was hindert Politiker, besser zu sein, als sie sind?

Das hat zu tun mit den schwierigen Konstellationen, denen wir uns gegenübersehen. Die rechtlichen, die finanziellen Rahmenbedingungen, die Koalitionskompromisse – das alles verbraucht viel Energie. Es ist ja mittlerweile der Regelfall, dass zwei verschiedene Parteien regieren. Die ziehen nicht schon deswegen an einem Strang, weil sie an einem gemeinsamen Kabinettstisch sitzen. Der Weg hin zum Kompromiss, der keine Wunden hinterlässt, für die dann beim nächsten Kompromiss Revanche genommen wird, ist steil und steinig. Alle wollen eingebunden sein, alle wollen gehört werden. Es ist aber viel aufwändiger, als sich viele vorstellen können. Das sind Kraftanstrengungen, die, wenn Leute über Politiker urteilen, meistens gar nicht in den Blick genommen werden.

Einer, Gerhard Schröder, ist für sein Basta! berühmt geworden, mit dem er Gewerkschaftern klarmachen wollte, dass sie mit ihm über die Einführung der Rente mit 67 gar nicht erst zu debattieren brauchen.

Die Anwandlung zum „Basta“ kann ich verstehen. Aber man muss ihr widerstehen. Denn ich glaube, dass das „Basta“ auch nicht tragfähig weiterführt, weil Verletzungen bleiben; außerdem macht es die Arbeit in der Koalition oder die Verhandlungen mit Interessengruppen nicht einfacher. Meine Partei würde so etwas ohnehin niemals akzeptieren. Und ich persönlich habe noch im Hinterkopf, was ich über manche Aktionen meiner diversen Vorgänger hier in der Villa Reitzenstein gedacht und gesagt habe. Auch ein autoritärer Führungsstil ist aufreibend.

Wie denken Sie über die Einführung eines Mehrheitswahlrechts, das immer wieder mal debattiert wird? Immerhin würde es ja klarere Mehrheiten bringen und damit den beschriebenen Zwang zum verwässernden Kompromiss, zum kraft- und zeitraubenden Aushandeln beträchtlich mindern.

Oder auch nicht. Die Entwicklung etwa in Großbritannien zeigt, dass das Mehrheitswahlrecht auch nicht mehr so recht funktioniert. Ein Mehrheitswahlrecht hat Vorteile, wenn die Welt in zwei Lager aufgeteilt ist. Das ist sie aber immer weniger. Deshalb spiegelt ein solches Modell die Komplexität der Gesellschaft nicht mehr wider. Der Pluralität der Gesellschaft entspricht ein Verhältniswahlrecht wie das bei uns weitaus mehr und besser – und dann muss es egal sein, ob einem das das Geschäft schwieriger macht.

Kapitel XI

Über Zwänge in der Politik, das Starren auf Wahlchancen und die Pflicht, ein Überzeugungsfesthalter zu sein

Wir hatten anfangs um Kommentare zu bestimmten Klischees gebeten. Eines müssen wir noch nachreichen. Es heißt: Dieser Winfried Kretschmann ist eine durch und durch ehrliche Haut.

Die Menschen lügen alle, heißt es im Psalm 116,11. Auch ich schreite nicht als Wahrheitsapostel durch die Reihen. Diese Erkenntnis gehört zu einem realistischen Blick auf Politiker. Keiner von uns kommt ohne ein gewisses Maß an Taktik aus, auch Kretschmann nicht.

Lügen ist aber mehr als Taktieren. Wir erinnern uns da an eine im Fernsehen übertragene Pressekonferenz, die Sie und Ihr SPD-Koalitionspartner Nils Schmid dort unten im Garten des Staatsministeriums zu 100 Tagen Grün-Rot gaben. Gerade Sie haben dabei ein rosiges Bild dieser neuen Landesregierung gemalt, obwohl es in Wahrheit an allen Ecken und Enden krachte und knirschte, ganz überwiegend allerdings hinter den Kulissen. Hätten die Balken der Villa Reitzenstein Ohren, sie hätten sich gefährlich gebogen an diesem Tag.

Ob es mir gefällt oder nicht, ich unterliege Zwängen. Ich kann als Chef einer Regierung unmöglich sagen, dass diese Regierung interne Probleme und Schwierigkeiten hat, die manche Beteiligte an den Rand ihrer Kräfte bringen. Diese Kommunikation ist schlichtweg tabu. Denn von einer Regierung erwartet man einheitliches Handeln, darum heißt sie Exekutive. Es kann da nur die Formel geben: Durchkommen, so gut es geht. Das ist vielleicht ernüchternd, das kennt aber auch jeder andere aus seinem Berufsleben. Ich räume ein, bei Politikern ist das Gewicht ein anderes, weil die Betrachter nach mehr Ehrlichkeit verlangen. Aber auch das ist eine zwiespältige Sache. Wenn ich beispielsweise meine Vorgänger lobe – und das tue ich, denn das Land stünde doch nicht so gut da, wenn die nicht auch Gutes und Vernünftiges geleistet hätten –, dann treffe ich manchmal schon auf großes Erstaunen. Oder es kommt wieder das Klischee vom naiven Kretschmann hoch. Also ist das Fazit: Ohne ein gewisses Maß an Taktieren komme auch ich nicht aus, diese Dinge gehören einfach dazu. Würde ich als Wahrheitsfundamentalist herumspringen, wäre ich nicht erfolgreich. Von solchen übertrieben idealistischen Haltungen habe ich mich längst verabschiedet. Ich habe so viele Podiumsdiskussionen erlebt, bei denen der eine sagt: Ich löse das Problem mit ganz wenig Schmerzen, und der andere sagt: Das geht nicht ohne ganz viele Schmerzen ab – und dann wählen die Leute den Ersten. Dieser Erfahrung kann sich niemand entziehen und das führt dazu, dass so manches in der politischen Kommunikation verpackt, abgemildert oder aufgebauscht wird. Mit den Kernanliegen verhält es sich anders. Ich meine zum Beispiel wirklich, dass die Energiewende zu schaffen ist. Wenn ich das sage, dann ist da keine Taktik dabei. Und unangenehme Wahrheiten schön zu verpacken, ist erlaubt, sie zu verschweigen nicht.

Wie verpackt der Verpackungskünstler die mannigfaltigen Einschnitte, ohne die die Schuldenbremse niemals zu erreichen sein wird?

Da hören die Verpackungskünste schnell auf. So große Pappkartons gibt es gar nicht. Außerdem: Selbst wenn man diese Einschnitte verpacken könnte, würde ich sagen, dass man es nicht darf.

Obwohl schwer zu kalkulieren ist, was alles passiert, wenn es dann ernst und konkret wird.

Auch das ist weniger schwierig als häufig beschworen. Die Frage des Sparens ist immer eine Frage der Dimension. Wir haben uns ein enorm hartes Unterfangen vorgenommen. Jeder politisch Erfahrene weiß: Den Leuten etwas wegzunehmen, ist sehr schwierig. Deshalb muss man sich das gut überlegen. Geben ist immer einfach. Weil aber so lange gegeben wurde, wird jetzt genommen. Ich bin auch deshalb ein überzeugter Anhänger der Schuldenbremse, weil diese, wenn die Konsolidierung geschafft ist – wovon ich ausgehe –, die Politik stark verändern wird. Wir werden dann mit den Leuten völlig anders diskutieren. Dann kann man eine klare Grenze benennen: Wünsche werden nicht mehr durch neue Schulden finanziert, sondern durch die Erhöhung von Steuern. Wollt ihr das? Ich halte es für eine Pest, dass wir noch nicht in dieser Lage sind.

Und wie kommt das Land dorthin?

Jeder ist fürs Sparen im Allgemeinen und für die Freigiebigkeit im Besonderen, wenn es um die eigenen Interessen geht. Und da sage ich ganz klar und ehrlich: Die Hauptlast der Schuldenbremse, also die Konsolidierung der Staatshaushalte, werden diejenigen tragen, die schon heute Steuern zahlen. Anders geht das nicht. Man kann die Einnahmenseite stärken, indem man eine Vermögensabgabe einführt oder den Spitzensteuersatz auf 49 Prozent anhebt, wie wir das ja wollen.

Warum 49 Prozent, warum nicht gleich zurückkehren zu den 52 Prozent der schwarz-gelben Ära Helmut Kohl?

Mit Steuererhöhungen muss man maßvoll umgehen.

Also tanzt der Rotstift.

Das ist ein falsches Bild. Er muss überlegt geführt werden, weil wir zugleich investieren müssen. Zum Beispiel in Bildung, sonst untergraben wir die Quellen des Wohlstands künftiger Generationen. Um hier einmal speziell von Baden-Württemberg zu sprechen: Unsere Vorgängerregierung hat uns riesige Sanierungsstaus hinterlassen. Weil sie gute Haushaltszahlen vorlegen wollten, haben sie Dinge in die Zukunft verschoben, und deshalb stehen wir allein bei den Hochschulbauten vor einem Finanzbedarf von fünf Milliarden Euro. Das sind sehr komplexe Herausforderungen. Und dann gehe ich zum Beamtenbund und werde ausgepfiffen. Was soll ich mit so einer Reaktion anfangen?

Aber ist es nicht normal, dass sich Menschen wehren, wenn sie sich ungerecht behandelt fühlen?

Was heißt ungerecht behandelt? Wir sind dabei, in behutsamen Schritten abzubauen, was über Jahrzehnte aufgebaut wurde. Dabei rede ich noch gar nicht von Altschulden, das ist das nächste große Kapitel. Es geht darum, keine neuen Schulden mehr aufzunehmen. Dazu sammeln wir viele kleine Summen ein. Das ist ein mühsames Geschäft, aber keine unerreichbare Utopie. Und ich verstehe meine hohen Popularitätswerte auch als Zuspruch und Ermutigung, unangenehme Wahrheiten auszusprechen. Zu denen gehört, dass stimmt, was wir alle in der Schule gelernt haben, nämlich die Zinseszinsrechnung. Ohne Zins und Zinseszins hätten wir womöglich nicht genug Wünsche, um all unser Geld auszugeben. Aber es gibt sie nun mal.

Zu Ende gedacht, bedeutet das alles – Ihre Partei wird sich bedanken –, den Haushalt um gewissermaßen jeden Preis zu sanieren, auch um den, beim nächsten Mal nicht wiedergewählt zu werden.

Damit muss ich unter Umständen rechnen, und das müsste ich dann wohl auch in Kauf nehmen. Aber das Notwendige zu tun und schwierige Probleme zu lösen, ist nun mal Aufgabe der Politik. Da hilft mir, dass ich noch nie ein Freund davon war, immer darauf zu schauen, ob ich gewählt werde, wenn ich dieses oder jenes tue oder lasse. Die Grünen haben viel Erfahrung gesammelt auf diesem Feld. Ich habe so oft erlebt, wie Stimmungen aufkommen und wieder in sich zusammenfallen, wie schnell sich das Wahlverhalten ändern kann, wie eine gute Arbeit über Jahre keine Rolle mehr spielt. Politiker verstellen sich den Blick aufs Notwendige, wenn sie immerfort auf ihre Wahlchancen starren.

Das ist jetzt aber kein Kompliment für die mündigen Bürger. Die müssten eine objektiv erbrachte Leistung doch honorieren anstatt sich ihren Emotionen hinzugeben.

Der Mensch ist nun mal ein Bündel aus Emotionen und Vernunft. Ich setze auf Entwicklung. Wenn ich die Bürgerschaft beteilige, nehme ich sie auch in die Verantwortung. Dafür ist doch nichts so gut geeignet wie der Streit ums liebe Geld. Es gibt keine Freiheit ohne Verantwortung, lautet der Kernsatz der Schweizer Philosophin Jeanne Hersch. Da müssen wir gemeinsam durch. Im Übrigen: Wenn wir kritisch auf den Bürger sehen, können wir gleich die Frage nach der Mündigkeit einer Politik anschließen, die diese Schuldenberge aufgetürmt hat.

So kriegen alle ihr Fett ab. Womit könnte man anfangen, um die Dinge zum Besseren zu wenden?

Beispielsweise, um mal wieder ganz von ferne an Stuttgart 21 zu erinnern, bei Projekten ehrlich die Kosten angeben. Die Schweizer stimmen in der Regel zweimal ab, also zuerst über das Projekt selbst, dann über seine Finanzierung. Bei uns hat man es anders gemacht, da ist über Jahrzehnte hinweg bei den Kostenvoranschlägen tief eingestiegen worden, um die Akzeptanz beim Publikum zu erhöhen. Und dann muss die öffentliche Hand in der Regel nachlegen, und zwar beträchtlich. Das ist doch kein anständiger und transparenter Umgang. Auf der einen Seite die politische Klasse, die verführbar ist, weil sie wiedergewählt werden will. Und auf der anderen Seite Bürger, denen die Bereitschaft abhanden gekommen ist, zu überlegen, ob sie nicht doch auf etwas verzichten können, das sie haben. Und wenn ja, worauf. Ich glaube, die Zufriedenheit würde da wie dort mit mehr Ehrlichkeit wachsen.

Was tut Winfried Kretschmann dafür, wiedergewählt zu werden?

Nicht dauernd daran denken. Ich versuche, Politik entlang meinen Überzeugungen zu machen. Das ist auf Dauer das Erfolgsmodell. Ich bin zwar kein Wanderprediger, aber ich rate jedem, diesen wunderbaren Begriff von Max Weber von der „sterilen Aufgeregtheit“ ernst zu nehmen. Zu überlegen, was mit einem Gemeinwesen geschieht, wenn Politiker jeder Stimmung hinterherlaufen. Wir sind keine Vorbilder, das hatten wir schon, aber wir haben eine Aufgabe zu erfüllen. Weber spricht von Leidenschaft zur Sache, Verantwortungsgefühl und Augenmaß. Das ist die Latte, und sie liegt hoch.

Am Ende ist dann der Politiker doch wieder der Überzeugungstäter in einer Gesellschaft, in der immer mehr Menschen die Überzeugungen so peu à peu abhanden zu kommen scheinen.

Wir sollen Überzeugungsfesthalter sein, und das ganz pragmatisch und praktisch. Das ist eine meiner zentralen Erfahrungen, seit damals, seit dem ersten Einzug der Grünen ins Parlament. Der Politiker, der an seinen Überzeugungen festhält, ist keinesfalls schlechter dran als der, der jeder Sau nachläuft, die durchs Dorf getrieben wird. Und wer klug ist, drückt diese Erfahrung nicht einfach weg. Wenn ich meine Zustimmungswerte anschaue, könnte ich auch sagen, dass die Leute mich überhöhen – dabei mache ich doch nur, was eigentlich selbstverständlich ist.

Wie sind dann die bleibenden Themen herauszufiltern?

Da hilft wieder Erfahrung. Und man muss natürlich einen gewissen Instinkt und die richtigen Maßstäbe entwickelt haben. Aber so viele heute aktive Politiker sind ja nicht neu im Geschäft. Daran dürfte es doch eigentlich nicht liegen.

Sondern?

An der Haltung. Max Weber sagt: Die Verantwortlichkeit gegenüber der Sache ist die Voraussetzung für den politischen Beruf.

Kapitel XII

Vom Segen der Ungleichheit, vom Unheil der Taschenrechner und von Kühen auf zaunlosen Weiden

Mit dem großen Thema Sparen sind wir noch nicht fertig. Was sagen Sie zu der Forderung, anstatt vor allem von Kürzungen zu reden, an die riesigen Privatvermögen der Reichen auch in Deutschland heranzugehen, die ja immerhin ein Mehrfaches der zwei Billionen Euro Staatsschulden betragen?

Wir kommen an diese Vermögen nicht so einfach heran. Wir leben in einer globalisierten Welt. Wir melken da Kühe auf einer Weide ohne Weidezaun. Man kann sein Vermögen leicht woandershin schaffen oder seinen Betrieb ins Ausland verlagern. Das ist eine gute Diskussion nach zwei Viertele am Stammtisch. Natürlich müssen wir das Geld auch von den Reichen holen.

Müssen oder müssten?

Was sind das für feine Nuancen! Wir haben eine Partei, Die Linke, die das exzessiv propagiert. Würden die Leute glauben, dass das geht, müsste die doch eine Zustimmung von 70 Prozent haben! Hat sie aber nicht – und zwar zu Recht. Wir leben in einem marktwirtschaftlichen Modell und in einer ungleichen Gesellschaft. Die Erfahrung zeigt, dass gerade diese ungleichen Gesellschaften hochproduktiv sind. Viele moderne Rechtstheoretiker haben sich den Kopf zerbrochen, wie man Gerechtigkeit schafft in ungleichen Gesellschaften. John Rawls sagt: Die am schlechtesten Gestellten müssen von der ungleichen Gesellschaft noch immer mehr Vorteile haben als von einer Gesellschaft mit weniger Ungleichheit. Natürlich wäre es schön, wenn die Privatvermögenden ihr Geld hergäben, das machen die aber nicht. Was können wir in dieser Lage tun? Wir können Steuern erhöhen. Das muss aber ziemlich viele treffen, sonst kommt nicht genug herein.

Das muss viele treffen, aber in sehr unterschiedlicher Weise, weil es um sehr unterschiedliche Beträge geht. Das ist eine Frage der Gerechtigkeit.

Verteilungsgerechtigkeit auf unserem Niveau ist immer ein Versprechen auf dem Pegel einer hohen Prosperität. Ich halte da auch gar nichts von bloßer Symbolpolitik. Die Gefahr ist viel zu groß, dass falsche Erwartungen geweckt werden. Ministerpräsident Albig in Schleswig-Holstein kürzt für sein Kabinett und sich die Gehälter. Davon halte ich nichts. Ich würde das sofort mitmachen, wenn alle anderen mitmachten, ich würde sogar mich an die Spitze setzen. Aber allein das Kabinett ...

Ist das denn nicht trotzdem ein richtiges Zeichen?

Ein Zeichen wofür? In Gelddingen tun sich die Leute doch ohnehin schon so schwer mit den Relationen. Vielleicht gibt es einfach zu viele Taschenrechner, die ihnen das Selberrechnen abnehmen. Mir begegnet so oft die Annahme, dass ganze Schulen zusätzlich gebaut werden könnten, wenn ein paar Politiker Nullrunden bei sich selbst machten. Vielen Menschen sind die Größenordnungen nicht klar, um die es da geht. Die Abgeordneten in unserem Landtag könnten sich ihre Diäten verdreifachen, was wirklich keiner will, oder sie halbieren, aber im Etat des Landes Baden-Württemberg würde sich das irgendwo hinterm Komma auswirken. Von Franz Josef Strauß stammt der schöne Satz, dass man Generäle anbrüllen kann, Zahlen nicht.

Woher nehmen Sie die Überzeugung, dass so ein symbolischer Akt wie der Gehaltsverzicht der Ministerriege in Kiel nicht ein Anstoß sein könnte, Veränderungen in Gang zu bringen?

Wir Grüne haben das doch damals zu Beginn unserer parlamentarischen Arbeit versucht. Und was hat es gebracht? Nur Ärger. Oder die Geschichte mit den fünf Mark für den Liter Benzin. Das war auch so ein Symbol. Eine Forderung, für deren Durchsetzung wir niemals die politischen Mehrheiten bekommen hätten. Dafür sind wir sogar aus dem Bundestag geflogen. Sind wegen dieser Idee Autos etwa sparsamer geworden im Spritverbrauch?

Immerhin ist die Idee im Bewusstsein geblieben.

Ohne Breitenwirkung. Das ist die Parallele zum Geld. Die Leute glauben, ich könne den Haushalt sanieren, wenn ich den Reichen mehr Geld wegnähme. Symbole können richtig und wichtig sein, wenn das Symbolhafte verstanden wird. Das zu erreichen, ist aber kaum möglich. Und dann werden symbolische Akte regelrecht kontraproduktiv. Die Dimensionen verschwimmen, von den Notwendigkeiten wird abgelenkt. Und, um auf den Kollegen Albig zurückzukommen: Die Politik macht sich mit so etwas ja selber klein. Wie viele Bankvorstände verdienen viel mehr als die Bundeskanzlerin, auch wenn sie viel weniger Risiko tragen! Und dann kommt ein Ministerpräsident und kürzt sich selbst das Gehalt!

Wie wäre denn eine Gerechtigkeitsdebatte nach Ihrem Geschmack zu führen?

Wir müssen begreifen, wie schwer es ist, zu allgemeingültigen Maßstäben zu kommen. Jeder versteht etwas anderes unter Gerechtigkeit. In der Praxis brauche ich, wie schon gesagt, Prosperität – und Mittelständler wie in Baden-Württemberg, die mit ihren Leuten Tag und Nacht schaffen, die Ideen haben, die mit der Belegschaft ordentlich umgehen. Ich brauche starke Gewerkschaften, die zusehen, dass die Arbeitnehmer ihren Teil abbekommen. Mit solchen Unternehmern kann ich aber doch nicht über Steuersätze von bis zu 70 Prozent reden! Dann verabschieden die sich innerlich vom Gemeinwesen. Das ist viel zu gefährlich. Und deshalb bin ich auch kein Anhänger dieser reinen Verteilungsgerechtigkeit.

Und stattdessen?

Wir müssen zu ganz neuen wirtschaftlichen Strukturen kommen. Die Energiewende ist wieder ein gutes Beispiel. Die Leute partizipieren, indem sie ihr Geld vernünftig anlegen. Sie spekulieren nicht und gucken eines unschönen

Tages in die Röhre, sondern sie gründen Genossenschaften. Da gibt es zwar keine neun Prozent Rendite, aber wer die will, muss sich auch nicht wundern über Finanzkrisen. Spekulanten können sehr reich werden, wenn sie sehr viel Glück haben. Und redlich reich werden können die, die eine zündende Idee haben. Aber die besteuern wir dann auch, und zwar so, dass sie sich eben nicht verabschieden. Für die Finanzmärkte brauchen wir wirksame, harte Regeln und Beschränkungen. Deshalb bin ich auch für eine Finanzmarkttransaktionssteuer. Da hat die Politik bisher versagt. Wir müssen Exzesse verhindern. Banken sind dazu da, die Wirtschaft und die Menschen für ihre Vorhaben zu kreditieren, und da müssen wir auch wieder hin. Aber darüber hinaus sind unsere Möglichkeiten in einer globalisierten Welt beschränkt. Wir stehen in einem Wettbewerb, und den machen sich manche Staaten zunutze. Es geht also um Regelungen, die wir *international gemeinsam, aber europäisch* treffen müssen. Da muss man sehr harte und dicke Bretter bohren. Niemand bei uns bestreitet doch zum Beispiel den Sinn einer Kerosinsteuer. Aber die Urlaubsländer blockieren sie.

Das ist aber auf einmal sehr defensiv.

Was soll ich tun, wenn die Leute Jeans für zehn Euro aus China kaufen statt heimischer Ware? Ich kann an sie appellieren, und das tue ich auch. Wir haben es nicht mit einer Gesinnungslage zu tun, in der mehr Umverteilung einen breiten Raum einnimmt, eher mit einer unglaublichen Gier. Da umzusteuern ist Aufgabe der Gesellschaft.

Das können Politiker und Politikerinnen allein gar nicht schultern. Das wäre sonst wieder eine dieser Allmachtsphantasien. Natürlich müssen wir die soziale Marktwirtschaft weiterentwickeln. Wenn wir vor 30 Jahren von einem dritten Weg gesprochen haben, dann war das im Kern die sozialökologische Marktwirtschaft.

Kapitel XIII

Kretschmanns Krawatten, die Verkäuferin beim Aldi und die Macht einer Idee, um die sich die Menschen scharen

Stimmt denn diese so oft gehörte Diagnose von der überall grassierenden Gier tatsächlich? Viele, gerade auch jüngere Leute, sagen mittlerweile bei Umfragen, dass ihnen anderes wichtiger ist als nur das Geld. Oder bei Lebensmitteln gibt es einen Trend weg vom bloß Billigen.

Die Suche nach dem, was wenig kostet, ist bei uns schon von großer Bedeutung. Das zeigen ja auch europäische Vergleichsuntersuchungen. Richtig ist aber auch, und das ist natürlich erfreulich, dass sich immer mehr Konsumenten der Wirtschaft bemächtigen. Das tun sie, wenn sie nicht nur nach dem Preis schauen, sondern auch nach anderen Kriterien. Fair gehandelter Kaffee beispielsweise war ein Nischenprodukt und ist heute ein enormes Marktsegment. Verbraucher wollen wissen, aus welcher Haltung das Tier stammt, ob ein Produkt aus Kinderarbeit kommt oder wie ihr Strom entsteht. Diese Entwicklung müssen wir befördern. Da ist die Politik gefragt, weil sie Mindeststandards und Regeln setzen kann. Ein Ruf, der mir oft gerade auch aus der Wirtschaft entgegenschallt. Unsere Unternehmen können sich besser am Markt platzieren, weil sie bewiesen haben, dass sie in der Lage sind, unsere hohen Standards zu erfüllen. Deshalb werden glücklicherweise nicht bloß die chinesischen Zehn-Euro-Jeans gekauft.

Findet sich eine in Ihrem Kleiderschrank?

Bestimmt nicht. Aber manche anderen Sachen darin sind ein Beleg dafür, was wir – und nicht nur die Reichen unter uns – für ein Maß an Wohlstand pflegen.

Jetzt kommt die Geschichte mit den Krawatten.

Ich habe viele Krawatten, das ist wahr. Auch ich kaufe Neues, obwohl das Alte noch funktional ist und selbstverständlich getragen werden könnte.

Wie viele sind es?

Nicht wenige.

In Zahlen, wenn's geht.

Schätzungsweise 200, und davon trage ich einen kleinen Bruchteil. 30 oder 40 haben überhaupt noch eine Chance, in die nähere Auswahl zu kommen.

Und ein grüner Ministerpräsident, der schon 200 Krawatten hat, kauft auch noch die zweihunderterste?

Ja. Weil zu viele, die in meinem Schrank hängen, nicht mehr modern sind.

Das ist eine überraschende Mitteilung.

Umso besser. Manche sind mir geschenkt worden, einige habe ich gekauft, weil ich keine dabei hatte, aber plötzlich eine brauchte. Und so kam diese Zahl nach und nach zusammen. Warum ich sie nicht wegwerfe, weiß ich eigentlich auch nicht.

Und mindestens eine grüne Fliege gibt es auch noch.

Richtig. Mit der war ich in Bayreuth. Diesen Spaß habe ich mir erlaubt.

Zurück zum Ernst. Hannah Arendt, die so oft von Ihnen Zitierte, sagt: Sinn von Politik ist Freiheit, Grundlage von Politik ist die Pluralität von Menschen. Aber für diese Verschiedenheit und Ungleichheit sorgen doch schon die Natur und die realen gesellschaftlichen Verhältnisse. Müsste also Politik nicht eher die Ungleichheit mindern im Interesse derer auf der Schattenseite, anstatt ihren Sinn in der Freiheit zu sehen?

Aus der Unterschiedlichkeit der Menschen folgt, dass sie sich unterschiedliche Vorstellungen über das machen, was sie für gutes Leben halten. Das muss sich entfalten können.

Was fängt die Alleinerziehende an der Kasse beim Discounter mit so einer Aussage an? Wahrscheinlich hat sie die Vorstellung, dass ihr ein gutes Leben für sich und ihr Kind deutlich eher möglich wird, wenn ihr dafür zwölfhundert Euro netto blieben statt achthundert.

Man muss doch nicht immer gleich mit der alleinerziehenden Kassiererin kommen! Hannah Arendt verfolgt mit dieser Aussage erst mal keinen sozialen Gedanken, sondern: Weil die Menschen verschieden sind, muss die Frage geklärt werden, wie regiert werden kann. Und die Antwort kann sinnvollerweise nur Freiheit sein, sonst landen wir in der Diktatur. Wenn die Menschen verschieden sind und unterschiedliche Vorstellungen haben, dann muss Politik einen Rahmen setzen, der ihnen die Möglichkeit gibt, ihre Vorstellungen auszuleben. Einen Rahmen wohlgemerkt. Und dazu gehört natürlich, das steht schon im Grundgesetz, dass wir ein sozialer Staat sind. Sonst kann sich Freiheit nicht verwirklichen. Es geht also nie um einen Rahmen von Willkür, wo jeder dem anderen der Wolf sein darf. Die Botschaft von Freiheit meint, dass wir etwas gestalten und erreichen können. Und wir können uns mit anderen um eine Idee scharen und einem Gedanken zum Durchbruch verhelfen.

Die Frage war, ob Politik ohnehin vorhandene Unterschiede nicht stärker verringern muss. Die Schere zwischen denen da oben und denen da unten öffnet sich in der Bundesrepublik seit Jahrzehnten beständig.

Die Frage geht an der Botschaft vorbei. Für mich ist es fundamental, die Verschiedenheit der Menschen zu betrachten. Das heißt auch zur Kenntnis nehmen, dass der eine fleißig ist und der andere faul. Die eine ist Teil einer lebenslangen Partnerschaft, die andere ist alleinerziehend. Und natürlich habe ich als Politiker auf solche Lebenslagen zu reagieren. Deshalb bauen wir ja zum Beispiel Kinderbetreuungseinrichtungen, damit Alleinerziehende nicht aus diesem Rahmen fallen. Noch einmal der Satz von Jeanne Hersch: Es gibt keine Freiheit ohne Verantwortung. Das ist doch ein sozialer Imperativ. Der Nestor der katholischen Soziallehre Oswald von Nell-Breuning hat einmal gesagt: Wir stehen alle auf den Schultern von Karl Marx. Ich glaube, nachdem der Sozialismus so den Bach runtergegangen ist, wird die Leistung von Marx verkannt und unterschätzt. Viele seiner Gedanken sind in den europäischen Demokratien sehr tief verankert. Es ist durch die Natur nicht gegeben, dass wir uns um Alleinerziehende kümmern, sondern das ist unsere Entscheidung, eine Entscheidung im politischen Raum. Das kann auch mit Konflikten einhergehen. Die einen sind für Transferleistungen, die anderen sind für Fordern und Fördern. Darum kann es dann Streit geben. Aber es geht nie um eine reine Willkürfreiheit, die dann womöglich jede soziale Unterstützung abschaffen würde. Da käme ja auch sofort das Bundesverfassungsgericht. Das kümmert sich zum Beispiel nicht nur um das Prinzip der Sozialhilfe, sondern sogar auch um deren Höhe. Auch diese Art der Einmischung, die eine Änderung von politisch beschlossenen Rahmenbedingungen verlangt, ist für mich Ausdruck einer freien Gesellschaft.

An solchen Stellen lässt ja das Sozialstaatsdenken die Freiheit des Individuums und das Prinzip Jeder ist seines Glückes Schmied in den Hintergrund treten. Die Frage ist, ob das in ausreichendem Maße geschieht, angesichts der erwähnten, teilweise krassen Ungleichheiten in einem so reichen Land wie der Bundesrepublik.

Nun mal langsam. In den USA geht der Kampf darum, ob überhaupt jeder krankenversichert sein muss. Hannah Arendt geht es um die Möglichkeit der Gesellschaft, grundsätzlich frei zu agieren, und darum, dass uns die Zwänge der Welt nicht erdrücken. Pluralität ist nicht nur eine Tatsache, sondern positiv besetzt. Man muss sich bewusst machen, dass schon die genetische Variabilität des Menschen potenziell größer ist als die Anzahl der Atome im ganzen Universum. Deshalb freuen wir uns über jeden Menschen, der auf die Welt kommt, weil da eine Ahnung drin liegt, dass kein Mensch vor und kein Mensch nach ihm so sein wird wie er oder sie. Und weil das so ist, ist jede Geburt etwas, was die Welt verändern kann. Demokratie bedeutet, dieser Verschiedenheit dieser großen Gemeinschaft gerecht zu werden und sie zu organisieren. Verschiedene Leute haben sehr verschiedene Ansichten über die Welt. Das klingt so simpel – und hat doch so weitreichende Folgen sowohl für die Politik als auch für die Zivilgesellschaft. Da kommen wir wieder zu der Macht, die sich aus einer Idee ergibt, um die sich Menschen versammeln. Das hat mich und mein Denken geprägt.

Das ist der Aufruf des Liberalen zur Eigenverantwortung, zum Selbermachen.

Sicher. Der Liberalismus ist bei uns positiv besetzt, wenn er nicht in Marktradikalismus abgleitet. Menschen gründen eine Energiegenossenschaft, was übrigens massenhaft geschieht. Und wenn eine Genossenschaft ein Windrad oder ein Nahwärmenetz baut, dann wirkt sie dadurch auf die Welt ein, gestaltet, erreicht etwas. Wir haben da eine lange Erfahrung, gerade in Baden-Württemberg. So ist damals der Bau des Atomkraftwerks in Wyhl verhindert worden. Da hat sich die Zivilgesellschaft im besten Sinn um eine Idee geschart, vom Pfarrer bis zur Großmutter, von der Winzerin bis zum Bürgermeister. Da ist keiner schulterzuckend weitergegangen und hat gesagt: Da sitzen jeden Sonntag ein paar Spinner auf dem Bauplatz. Sondern da haben sich alle dazugesetzt – oder fast alle. Und dieses Gefühl, gemeinsam etwas erreichen zu können, darf niemals kleingeredet werden, und zuallerletzt von Politikern. Das Modell der Bürgergesellschaft heißt, dass so etwas wie entwickelte Zivilgesellschaft eines der größten Pfunde in der Demokratie ist. Nach meiner Überzeugung ist eine stabile Demokratie sogar angewiesen auf diese Bürgergesellschaft.

Kapitel XIV

Das große Projekt Europa, der Blick in die Ferne und noch einmal das Soziale

Und doch lassen sich in dieser Gesellschaft, die ja oft als eine Massengesellschaft beschrieben wird mit einem zumindest sektoral starken Hang zu Zerstreuung, Konformismus und Apathie, keineswegs alle von solchen Botschaften, von solchen Aufrufen zum Mitmachen erreichen.

Das stimmt. Aber es sind ausreichend viele, und glücklicherweise ja beileibe nicht nur bei uns. Auf der ganzen Welt geht die Entwicklung in Richtung Demokratie. Diese jungen Frauen von „Pussy Riot" in Russland sind Leuchttürme. Obwohl mir ihre Aktion in einem Gotteshaus Missbehagen bereitet hat. Da werden Entwicklungen mit unabsehbarem Ausgang losgetreten. Mit sehr viel Courage und sogar, soweit man es sehen konnte, mit einer großen Portion Gelassenheit. Das ist wunderbar. Und müsste jedem Zweifler Ansporn sein, seine Haltung zur Bürgergesellschaft und ihren Möglichkeiten noch einmal zu überdenken. Wenigstens das.

Viele resignieren aber auch angesichts dieses Trommelfeuers oft negativer Nachrichten aus einer globalisierten Welt, auf die der Einzelne nicht wirklich einen nennenswerten Einfluss nehmen kann.

Ist das Glas halbvoll oder halbleer? Noch einmal zum Subsidiaritätsprinzip, zum politischen Denken von unten nach oben. Was die Zivilgesellschaft nicht lösen kann, geht an die Institutionen, was die untere Ebene nicht gut lösen kann, geht auf die nächsthöhere. So schichten wir Probleme ab. Auf diese Weise entsteht ein Gefühl von politischen Gestaltungsmöglichkeiten, nicht von Ohnmacht. Wenn wir Kommunen oder Schulgemeinschaften mehr Kompetenzen geben, kann vor Ort Verantwortung übernommen werden. Und die Beteiligten erleben, dass sie auch in der Globalisierung ein Stück dieser Welt in die Hand nehmen können, dass es keinen Grund gibt, sich zu verabschieden. Ich bin optimistisch, dass viele dieses Angebot annehmen. Das ist ja schon jetzt so.

Zur Bereitschaft, sich einzumischen, gehört die Chance, zu verstehen, worum es geht.

Die Bedeutung von Bildung ist immens. Die Zivilgesellschaft kann nicht das Projekt einiger weniger elitärer Mäzene oder von Eliten sein, denn dann wäre sie keine. Den Bildungserfolg von der Herkunft zu entkoppeln, ist eine der ganz großen sozialen Herausforderungen. Und wir müssen uns überlegen, wie wir Gruppen erreichen, die weiterhin eher abseitsstehen. Da kommen wir wieder auf die schlechtbezahlte Alleinerziehende. Ich sehe deren Probleme und ich will einen Rahmen zimmern, der ihr Beteiligung ermöglicht. Baden-Württemberg hat ja das einzige eigenständige Integrationsministerium in der Republik, und was mir an der Ministerin Bilkay Öney so gefällt, ist, dass sie die richtige Tonlage findet. Die Migranten gehören in die Mitte der Gesellschaft – und raus aus der Opferrolle.

Mit dem Argument, den Zugang zu Bildung offen zu halten oder wieder weiter zu öffnen, hat Ihre Regierung die Studiengebühren abgeschafft. Und jetzt fehlt Ihnen das Geld.

Ich persönlich hätte sie auch nicht abgeschafft, sondern in nachlaufende Gebühren umgewandelt. Gezahlt wird erst nach Ende des Studiums, im Beruf. Aber meine Partei hat knapp anders entschieden. Und unser Koalitionspartner wollte die Studiengebühren auch abschaffen. Immerhin ist die Abschaffung familienfreundlich. Das Geld muss jetzt über Steuern hereingeholt werden.

An dieser Stelle eine etwas überfallartige Frage: Welche Erklärung haben Sie dafür, dass ausgerechnet in einem so erfolgreichen Industrieland ein Grüner Ministerpräsident geworden ist?

Mir halten die Leute ja immer wieder als Erklärung die Atomkatastrophe von Fukushima hin. Das stimmt schon, aber nicht so, wie es gemeinhin verstanden wird. Nicht die Katastrophe war es – warum hat die nicht auch anderen geholfen? –, sondern die Tatsache, dass wir schon immer auf die Möglichkeit einer solchen Katastrophe hingewiesen haben. Wir sind für unsere Weitsicht belohnt worden. Und ich bin in Baden-Württemberg auch deshalb Ministerpräsident geworden, weil es in der Wirtschaft, im Mittelstand ein Umdenken gibt. Das ist alles andere als ein Zufall gewesen. Und wir können jetzt in der Praxis zeigen, wie ein erfolgreiches Umsteuern hin zur Ressourcenschonung geht. Das reicht dann weit über eine Legislaturperiode und über das Land hinaus.

Baden-Württemberg verändert die Welt?

Warum nicht? Wahr ist doch, dass wir grüne Ideen und Produktlinien entwickeln können, einfach weil wir die Möglichkeiten dazu haben, beispielsweise durch unsere Hochschulen und die Entwicklungen in der Wirtschaft selber. Ich bin ein großer Freund der zweckfreien Forschung. Da muss ein Team buddeln können am Rande irgendwelcher Bauarbeiten, finanziert von einer archäologischen Fakultät, und die Venus von Willendorf ausgraben. Eine Skulptur, die wahrscheinlich 27.000 Jahre alt ist. Oder etwas anderes, von dem wir nichts wissen und das unser Leben verändert. Ich sehe aber auch, wie wichtig Kooperationen sind. Wir stehen in einem weltweiten Wettbewerb. Und wir müssen in immer kürzeren Zyklen Investitionen tätigen, die die öffentliche Hand überfordern. Ein Zusammenspiel ist nötig, in der Forschung und in der Entwicklung. Dann können wir beweisen, dass eine Politik möglich ist, die Nachhaltigkeit umsetzt. Wenn Ressourcenschonung zum Exportschlager wird, ist das auch ein Beitrag zu mehr Gerechtigkeit auf der Welt.

Um die es nach wie vor schlecht bestellt ist. Zu den vielen hausgemachten Problemen in den armen Ländern kommt der Egoismus der reichen hinzu.

Wenn ich auf meine linksradikale Vergangenheit schaue, dann sehe ich, wie wichtig der Blick in die Ferne war, nach Vietnam und nach Afrika. Wie stark war damals die Dritte-Welt-Bewegung! Heute wird die europäische Politik sehr stark von innenpolitischen Themen beherrscht. Und wir im föderalen Deutschland schauen auf die Nähe, auf überschaubare Bereiche, auf die Bildung, auf die Sicherheit, auf Themen wie den Länderfinanzausgleich.

Wir kommen um die Feststellung nicht herum, dass dieser reiche Westen zu sehr seine eigenen Interessen verfolgt, und nicht selten eindeutig zu Lasten jener Dritten Welt.

Der Mensch ist zuerst auf Nähe gepolt. Und alles andere ist eine sehr große zivilisatorische Leistung. In der Schrift steht: Der Fremde ist dein Nächster. Das ist ja auch schon eine Form von Globalisierung – und zugleich eine große Herausforderung. Am besten ist sie zu bewältigen, wenn wir selbst uns beheimatet fühlen, beheimatet und behaust. Und wenn wir dann auch noch den Kantschen Weltbürger in uns entdecken und entwickeln können, dann wäre das wirklich etwas Großes. Aber ich bin kein Prophet. Und als Ministerpräsident schwelgt man nicht andauernd in neuen Visionen, selbst wenn die noch so richtig wären oder sogar dringend notwendig. Man muss zusehen, dass man das erreicht, was man erreichen kann. Dann entsteht persönliche Zufriedenheit, und daraus speist sich Kraft. Und wenn wir zeigen können, dass mehr Ökologie und mehr soziale Symmetrie ein Land wie Baden-Württemberg nicht arm machen, setzen wir ein wichtiges Signal im globalen Wettbewerb.

Die berühmten Erfolgserlebnisse: Nennen Sie uns Ihr stärkstes aus den ersten 15 Monaten Ihrer Amtszeit?

Schon relativ bald nach meiner Wahl habe ich an meiner ersten Ministerpräsidentenkonferenz mit der Energierunde bei der Kanzlerin teilgenommen und den 14-Punkte-Katalog zur Energiewende mitgestaltet. Da dachte ich, Kretschmann, das alles hat sich schon gelohnt. Das sind Stunden, in denen ich sehr, sehr zufrieden bin.

Wir möchten noch einmal zurück zum Thema Gerechtigkeit. Winfried Kretschmann hat öffentlich erklärt, er gebe, wenn er eine Rangfolge herstellen müsste zwischen Freiheit, Gleichheit und Solidarität, der Freiheit im Zweifel den Vorrang. Warum muss in einem Land wie Deutschland das eine gegen das andere ausgespielt werden? Konkret: Geht es zu Lasten unserer Freiheit, wenn der Hartz-IV-Satz nicht 430, sondern 800 Euro beträgt?

Ich will keine prinzipielle Hierarchisierung, das wäre ein Missverständnis. Ich will das eine in ein richtiges Verhältnis zum anderen gesetzt wissen. Seit vielen Jahren sage ich, dass wir das Verhältnis von Staat, Markt und Bürgergesellschaft neu ordnen müssen. Die zitierte Aussage zielt auf Konfliktfälle. Ich entscheide in Dilemmasituationen für die Freiheit. Im Normalfall ist das nicht nötig.

Muss so ein Prinzip aber nicht für den Normal- und den Extremfall gleichermaßen gelten?

Das halte ich für völlig falsch. Ich bin entschieden dagegen, dass Politiker immer worst-case-Szenarien zum Maßstab machen. Das europäische Haus ist da ein gutes Beispiel. Es bebt wie noch nie in 60 Jahren, und wir müssen eine Werteordnung verteidigen, die diesen Kontinent im Vergleich zu anderen so sehr auszeichnet. Da geschieht viel an den Parlamenten vorbei. Da wird in demokratisch nicht legitimierten Zirkeln viel verhandelt und auch entschieden. Der Präsident des Europäischen Parlaments hat von parlamentsfreien Zonen gesprochen. Das kann doch nicht der Normalfall werden. Die Zukunft Europas liegt doch in mehr und nicht in weniger Europaparlament.

Und in der Zeit, die Parlamente zur Entscheidung brauchen, stufen Rating-Agenturen schwache Länder immer weiter herab.

In den Vereinigten Staaten von Europa, die es wird geben müssen, haben Rating-Agenturen diese Angriffsflächen gar nicht mehr. Ich habe schon gesagt, dass ich die Kanzlerin als Brandlöscherin nicht kritisiere. Aber wahr ist auch, dass erst die SPD und die Grünen kommen mussten, um zum Beispiel die Finanzmarkttransaktionssteuer durchzusetzen. Neun Länder führen sie ein, aber ich bin sicher, dass weitere hinzukommen werden. Und dann muss es einen Tilgungsfonds für Altschulden geben und ein intelligentes Schuldenmanagement. Wer da von Vergemeinschaftung der Schulden redet, soll doch bessere Wege aufzeigen, wie die schwachen Länder aus der Zinsspirale herauskommen und die starken wie unseres ihre Exportmärkte nicht verlieren. Länder werden heruntergestuft, weil sie harte Sparprogramme verabschieden und ihre Wirtschaft nicht anspringt. Länder würden aber auch herabgestuft, täten sie das nicht. Aus dieser Situation müssen wir heraus, und zwar im eigenen, wohlverstandenen Eigeninteresse. Ich verstehe die Verunsicherung vieler. Aber ich verstehe nicht, wie gerade wir Deutsche darauf reagieren. Wir sind es doch, die mit unseren Produkten massiv von Europa profitieren. Und wir wären es, die ungeahnte Folgen zu tragen hätten, würden einzelne Länder ausscheren müssen. Wenn ich in Brüssel bin, sagen mir Politiker aller Parteien, dass Europa nicht trotz, sondern wegen der Krise ganz eng zusammenstehen muss. Und zugleich muss die Weiterentwicklung angepackt werden. Europa ist mehr als ein gemeinsamer Markt und mehr als der Euro. Wir sind eine Wertegemeinschaft. Europa muss der *Treibsatz* einer nachhaltigen globalen Entwicklung werden. Ich weiß auch, dass es angesichts von immer neuen bedrohlichen Meldungen nicht einfach ist, durchzudringen, wenn man auf die einzigartigen Vorteile, auf die historische Bedeutung, auch auf die vielen großen Chancen Europas in der Zukunft zu sprechen kommt. Aber die Konsequenz daraus darf nicht heißen, zu schweigen. Das gilt für all jene, die in den Themen drin sind und mit den Menschen zusammenkommen. Vielleicht müssen wir die vielen klugen und glühenden Europäer, die ich im Europaparlament fraktionsübergreifend treffe, einfach öfter ins Land holen. Bedenken dürfen das Bild nicht weiter so stark eintrüben, dass der Blick aufs große Ganze verstellt wird.

Kehren wir zurück nach Deutschland, ein Land, das mit der in der Verfassung verankerten Schuldenbremse europaweit vorangegangen ist. Sie haben in den Fiskalpaktverhandlungen mit dem Bund auch eine Entlastung der Länder und Kommunen durchgesetzt.

Weil die Haushaltsautonomie der Länder gewahrt bleiben und die Selbstverwaltungsgarantie der Kommunen abgesichert werden muss.

Von einem Basar war da die Rede.

Das ist abwegig, das waren sehr ordentliche Verhandlungen. Wir haben ja auch fast ausschließlich für unsere Kommunen verhandelt. Aber ich sehe natürlich das Problem, dass Länder und die Kommunen vom Bund verlangen, sich zusätzlich zu verschulden.

Wie kann der Sozialstaat davon profitieren?

Wir müssen klären: Welchen Sozialstaat wollen wir? Da sind wir wieder bei den Sozialtarifen für Strom. Ich saß in der Jury des „Franziskus-Preises" der Diözese Rottenburg-Stuttgart, und wir haben ein Projekt der Caritas ausgezeichnet, das Hartz-IV-Familien nicht nur Energieberatung und einen stromsparenden Kühlschrank zukommen lässt, sondern sie auch zu Energieberatern weiterbildet. Wenn immer mehr Leute vom falschen

Glauben abfallen, Hauptsache billiger Strom, oder es sei egal, wie was produziert wird, dann ist genau das die richtige und notwendige Entwicklung. Zugleich wird auch finanzschwachen Haushalten Teilhabe an der allgemeinen Effizienzrendite ermöglicht. Da geht es nicht um Rabatte, sondern um effiziente Geräte, die dann eben finanziert werden müssen. Ich will Leute stärken und an die Zivilgesellschaft heranführen. Das ist meine Vision. Dazu gehört, dass wir Menschen ermöglichen müssen, aus ihrer Situation herauszukommen.

So eine umfassende und weitreichende Zielsetzung stellt natürlich eine Herkulesaufgabe dar. Erst recht wenn man bedenkt, dass wir in einem Land leben, in dem heute, anno 2012, fast jeder vierte Arbeitnehmer ein prekäres Arbeitsverhältnis hat, also ein befristetes oder schlecht bezahltes. Selbst in Baden-Württemberg ist es noch immer jeder Siebente.

Deshalb machen wir das Projekt „Gute Arbeit". Wieder gilt: Wer, wenn nicht wir in diesem Land kann und muss zeigen, dass Wohlstand auch ohne prekäre Arbeitsverhältnisse zu schaffen ist. Und wir stärken das Bildungssystem, weil darüber die Chancen breiter über die Gesellschaft verteilt werden. Für immer weniger Jobs reicht wenig Bildung aus. Dass das eine enorme soziale Herausforderung ist, stelle ich nicht in Abrede. Wir sind nicht die ersten, die das Bildungssystem reformieren wollen und sich dabei enormen Widerständen gegenübersehen. Aber wir werden die Gemeinschaftsschule durchsetzen. Ich folge Aristoteles mit seiner These, dass der mittlere Besitz der Beste ist, und insofern bin ich ja gewissermaßen auch ein Linker. Ich würde mich in der heutigen politischen Geographie zwar so nicht einordnen, aber natürlich ist der Sozialstaatsgedanke von immenser Tragweite. In den Vereinigten Staaten zeigt sich ja, wie sich eine Gesellschaft politisch und ökonomisch polarisiert, wenn Balance und Ausgleich fehlen. Dieses Auseinanderlaufen müssen wir bei uns verhindern.

Also brauchen wir doch die Einsicht, dass die starken Schultern künftig wesentlich mehr tragen müssen als bisher?

Und die Einsicht, dass immer mehr Geld nicht immer glücklicher macht. Es gibt genügend wissenschaftliche Untersuchungen dazu. Reich und glücklich fühlt sich, wer sich im Verhältnis zu seiner Umgebung als reich einstuft, aber nicht, wer absolut immer reicher und noch reicher wird. Auch unter diesem Aspekt zeigt sich, dass unermesslicher Reichtum überhaupt nicht sinnhaft ist.

Wie kann sich die Politik, abgesehen von der Steuergesetzgebung, hier gestaltend einmischen?

Gar nicht. Tugendpädagogik ist eine Aufgabe der Pädagogik, nicht der Politik.

Kapitel XV

Was die Macht macht, warum die Südschiene noch funktioniert und vom Vertrauen in die Welt

Herr Kretschmann, was macht Macht mit Ihnen? Bemerken Sie irgendetwas?

Da ich Macht so beschreibe, dass sie entsteht, weil und wenn Menschen sich um eine Idee versammeln, ging es mir nicht um Ämter oder Spitzenämter. Ich habe nie ein Hehl daraus gemacht, dass ich mich in der zweiten Reihe sehr wohl gefühlt habe. Schon weil ich da viel weniger Disziplin aufbringen musste, als ich das heute tun muss. Das stört mich manchmal, und gar nicht wenig. Insgesamt: Vielleicht glauben das manche Leute nicht, aber Macht macht mit mir eigentlich nicht sehr viel.

Infolgedessen gibt es bei Ihnen noch nicht das, was die Franzosen die „déformation professionelle" der Politiker nennen, also Charakterverbiegung als Berufskrankheit?

Es gibt natürlich Biegekräfte. Aber jeder Ast, jeder Zweig lässt sich biegen, manchmal sehr weit. Man muss darauf achten, dass am Ende noch die Rückkehr in die Ausgangslage möglich ist. Ich habe Freunde, die mir sagen müssen – das war meine Bitte schon vor Amtsantritt –, wenn sie die Gefahr sehen, dass ich das nicht mehr hinbekomme. Das wäre fürchterlich. Ein Amt ist schnell futsch. Wer da verbogen herauskommt, hat schwer daran zu tragen.

Sie sind zuversichtlich, dass Ihnen das erspart bleibt?

Ja. Wenn ich in Bayreuth auf dem roten Teppich stehe, mit meiner Frau und der schon erwähnten grünen Fliege, dann amüsiert mich das. Das meine ich nicht herablassend. In diesem Sommer schien die Sonne, die Stimmung war gut. Es war eine grandiose, furiose Inszenierung des *Fliegenden Holländers.* Meine Frau und ich, wir haben das Drumherum restlos vergessen. Das ist doch eine gute Messlatte. In der Oper ist es dunkel, da sieht einen ja keiner. Da gelten Musik und Inszenierung. Wenn mich das nicht mehr gefangen nimmt, weil ich an den Landeshaushalt oder, noch schlimmer, an den nächsten Fernsehauftritt dächte, dann hätten die Beuge- und Biegekräfte gesiegt.

Da sind wir wieder bei den eingangs erwähnten außergewöhnlichen Zustimmungswerten für Sie. Es ist schwer vorstellbar, dass die Sie tatsächlich so kalt lassen. Andere Politiker wären bei 78 Prozent aus dem Häuschen.

Ich halt nicht. Das hat aber, wie schon gesagt, mit meiner politischen Biographie zu tun, und mit meinem Glauben, der da zu einer gewissen Demut erzieht. Wie schon einmal gesagt: Zwischen Hosianna und Kreuzigung können nur drei Tage liegen. Ich werde sogar nach Autogrammen gefragt und sage dann immer: Ich bin doch kein Schauspieler oder Fußballer, und sie wollen trotzdem eines. Man darf sich von diesem öffentlichen Tam-Tam, das um einen gemacht wird, nicht verführen lassen. Ich habe in langen, auch harten Jahren gelernt: Wer in der Politik auf Anerkennung schielt, läuft Gefahr, genau diese Anerkennung ganz rasch wieder zu verlieren. Es steht mir gar nicht zu, Kollegen gute Ratschläge zu geben, auch nicht indirekt. Aber wenn ich zum Beispiel von Schülern und Schülerinnen gefragt werde, was einen guten Politiker ausmacht, dann sage ich: Man muss zulassen, dass einen Überzeugungen prägen, tief prägen. Und denen muss man dann folgen, auch wenn die Karawane gerade in eine ganz andere Richtung zieht.

Entkoppelt das politische Botschaften nicht zu sehr von der Überzeugungskraft des Überbringers? Womöglich sind Sie der einzige grüne Bundesratspräsident, den es in Deutschland jemals geben wird. Bei Auslandsreisen hat das zum Beispiel eine Bedeutung, die weit über das bloß Äußerliche hinausreicht. Sie kommen mit ganz anderen Multiplikatoren zusammen denn als Regierungschef in einem von 16 Bundesländern – und können noch wesentlich nachdrücklicher für grüne Ideen werben.

Natürlich gehört es auch zu politischer Macht, Ämter zu nutzen. Die Grünen haben 30 Jahre lang ein dickes Brett gebohrt. Jetzt sind wir durch, und jetzt muss ich meine Möglichkeiten wahrnehmen. Das ist der Sinn von Ämtern in der Demokratie. Und zwar so, dass sich die Leute nicht abwenden. Natürlich werde ich dieses Jahr als Bundesratspräsident nutzen. Ich muss ja froh sein, dass ich es habe. 16 Bundesländer im Turnus, das hätte auch an den Grünen vorübergehen können. Stattdessen repräsentiere ich eines der fünf Verfassungsorgane des Bundes.

Andere haben über den Bundesrat auch massiv Politik gemacht, wenn die Mehrheitsverhältnisse es gegen die jeweilige Bundesregierung hergegeben haben.

Dafür stehe ich nicht zur Verfügung. Wir sind als Länder an der Gesetzgebung beteiligt, weil wir Gesetze umsetzen und näher bei den Menschen sind. Machtspielchen schädigen den Föderalismus. Der Bundesrat ist weder dazu da, der Bundesregierung ein glattes Regieren zu ermöglichen, noch die Opposition im Bundestag zu verstärken. Er hat eine eigene Rolle zu spielen: die der Länder in der Bundespolitik.

Fällt unter die Fortune, die Politiker auch haben müssen, um erfolgreich zu sein, dass Sie jetzt Präsident werden?

Man könnte auch sagen, dass das Zufall ist.

Bei Fortune paart sich Glück mit Können.

Ich denke bei Fortune auch eher vom Ende her, dass einem also etwas gelingt. Als gläubiger Mensch sollte ich ohnehin eher vom Segen reden. Aber das eine ist nur die religiöse Formulierung des anderen.

Es ist also ein Segen, dass Baden-Württemberg im Alphabet vor Bayern kommt?

Sie spielen auf die CSU gleich nach meiner Wahl an. Bayerns Ministerpräsident hatte die Südschiene aufgekündigt, also die institutionalisierte Zusammenarbeit unserer beiden Bundesländer. Die sind mir erst einmal über die Medien an den Koffer gefahren. Dann habe ich Horst Seehofer im Bundesrat die Hand geschüttelt, wir sitzen nebeneinander. Und auf meiner ersten Ministerpräsidentenkonferenz, *Bad* ist nun mal vor *Bay* im Alphabet, habe ich vor ihm gesprochen – über Windkraft, und natürlich wusste ich, dass wir da ganz auf einer Linie liegen. „Sie haben nicht für Bayern geredet, aber wie ein Bayer", hat er nachher gesagt – und die Aufkündigung der Südschiene war Geschichte. Es hängt zwar auch von einem selbst ab, ob etwas gelingt, aber nicht nur. Ein noch so hartes Bemühen kann erfolglos bleiben, und man weiß nicht warum. Und dann gibt es Situationen, in denen alles zusammenpasst. Wer sich das in einem hohen politischen Amt immer wieder vor Augen führt, der kann nicht anders als bescheiden bleiben. Erfolg zu haben ist auch Gnade und Geschenk. Das formuliere ich jetzt bewusst religiös.

Muss man das so sehen, um ein guter Politiker zu sein?

Was man ganz gewiss braucht, ist ein Vertrauen in die Welt und ein Vertrauen in die Menschen. Und natürlich ein Vertrauen in sich selbst. Und zwar nicht in dem Sinne von „Her mit dem Problem, ich löse es". Sondern ein

Vertrauen in die eigenen Grenzen. Man darf sich nicht einbilden, man könne die Welt umkrempeln. Nur wenn man bescheiden bleibt, bleibt das Bewusstsein erhalten, dass in der Demokratie einer allein gar nichts erreichen kann. Dazu gehört die Einsicht, dass Unwägbarkeiten zu dem Boden gehören, auf dem wir Politik machen.

Kapitel XVI

Vom hohen C der CDU, der Rettung der Welt und der Notwendigkeit der Kirche

Unser Gespräch wäre wohl unvollständig, wenn wir nicht noch einmal zurückkommen würden auf ein Thema, das wir anfangs schon gestreift haben und das Sie ja von sich aus auch immer wieder anklingen lassen: Ihren Glauben. Was ist er mehr für Sie: Geschenk oder Bürde?

Da gibt es ein großes Missverständnis, das ich auch einmal mit mir herumgeschleppt habe. Als junger grüner Politiker meinte ich, die Welt retten zu können und zu müssen. Das gibt Schwung und Elan und Überzeugungskraft. Zugleich ist es aber eine große Last, die mich sehr beschäftigt hat. Bis ich erkannt habe, dass ich dazu gar nicht in der Lage bin. Ich kann die Welt nicht retten, ich habe sie nicht erschaffen. Ich muss mich engagieren. Mein Glaube macht mich frei und sorgt dafür, dass man sich nicht übernimmt und nicht übermütig wird und gelassen bleibt. Heute meine ich zu wissen, was ich leisten kann und soll und was nicht. Das erleichtert und stabilisiert den Blick, wie Jeanne Hersch sagt, auf die Notwendigkeiten im Alltag – auch in den fünf Jahren, für die ich jetzt erst einmal gewählt bin. Eine religiöse Überhöhung stört da eher.

Zwei Parteien gibt es in Deutschland, die das C im Namen tragen. Was halten Sie davon?

Es ist einfach historisch erklärbar, dass sich die Union christlich nennt – aber mehr auch nicht. Eine Partei kann sich nicht in die Nachfolge von Jesus Christus begeben, das können nur einzelne Menschen. Gäbe es also die geschichtliche Herleitung nicht, wäre der Name systematisch unpassend. Nichts dagegen, dass die Union sich an einem christlichen Menschenbild orientiert, im Gegenteil. Aber der Versuch, daraus eine Art Alleinstellungsmerkmal zu machen, ist erstens gegenüber den anderen Parteien problematisch und landet zweitens im Diffusen. Das christliche Menschenbild hat sich doch in unserer Verfassungsordnung in großer Breite niedergeschlagen. Die Würde des Menschen ist unantastbar – dieser elementare Satz unterscheidet unsere Parteien ja nicht. Und daraus politische Differenzen ableiten, das geht auch nicht. Deshalb erinnere ich die CDU auch praktisch nie an ihr C. Es spielt die gewünschte Rolle nicht. Und außerdem: Die Heilige Schrift hilft keinem Politiker beim Sanieren des Haushalts. Wer so an Politik herangeht, der landet bei der Partei der Bibeltreuen Christen. Die hat 0,5 Prozent, und selbst das ist schon zu viel.

Sie sind jetzt Ministerpräsident und zugleich ein katholischer Christ, der sich schon früher immer wieder kritisch mit Zuständen und Verhaltensweisen seiner Kirche befasst hat. Zugleich bekennen Sie sich mit großem Nachdruck zu Ihrer Kirche.

Zum Beispiel indem ich sage: Ohne Kirche kann man kein Christ sein.

Das werden viele Christen ganz anders sehen – und erstaunt sein, dass Sie das so kategorisch sagen. Streng genommen sprechen Sie einem, der der Kirche den Rücken gekehrt hat aus Protest gegen dieses oder jenes Verhalten der Kirche, das Christsein ab.

Das Christentum ist eine Gemeinschaftsreligion, darum gibt es Kirchen. Solange es sie gibt, kann man auch Christ sein, wenn man aus der Kirche austritt. Aber wenn man sich Kirchen wegdenkt, gibt es kein Christentum mehr.

Was steht für Sie im Vordergrund, wenn Sie heute einen kritischen Blick auf Zustände und Verhaltensweisen Ihrer Kirche werfen?

Der Ministerpräsident hat nicht die Aufgabe, sich in innerkirchliche Angelegenheiten einzumischen. Zurückhaltung ist geboten, auch mit Kritik. Nun, im Zentrum meiner Kritik als Katholik steht, dass die kirchliche Hierarchie Dogmen verteidigt, die ich nicht für Dogmen im Sinne überzeitlicher Wahrheiten halte und dass sie sich so in die Defensive begibt. Denn die eigentliche Herausforderung für das Christentum und andere Religionen heißt ja: Was bedeutet es, an Gott zu glauben in einer Welt, die immer stärker von wissenschaftlichem Denken geprägt und geformt wird? Wie rechtfertigt sich der Glaube vor der Vernunft? Wie bleibt die Kirche zeitgenössisch in einer Welt, die sich rasant wandelt? Nehmen wir als Beispiel den Ausschluss von Frauen vom Priesteramt und damit von der gesamten Hierarchie.

Ein Christ, der davon überzeugt ist, dass alle Menschen Kinder Gottes sind, also – säkular gesprochen – alle die gleiche Würde besitzen, unabhängig von Geschlecht, Rasse, Stand oder was auch immer sonst sie unterscheidet, der darf doch wohl fragen, warum Frauen nicht die Priesterweihe erhalten sollen. Dafür, dass das verweigert wird, fehlt mir Verständnis und Begründung. Da wird dann historisch argumentiert: Jesus habe nur Jünger gehabt und keine Jüngerinnen. Wen bitte soll das überzeugen im Zeitalter der Gleichberechtigung der Frauen? Damit wird die christliche Botschaft von der Ebenbildlichkeit des Menschen zu Gott, also seiner gleichen Würde, verdunkelt. Und darüber sollen wir nun nicht mal debattieren dürfen.

Wer offen debattiert, muss womöglich aber auch offene Kritik aushalten. Das ist nun nicht unbedingt eine der großen Stärken von Kirchen.

Da waren wir schon mal weiter. Ich erinnere nur an das große Paulus-Wort: Prüfet alles, das Gute behaltet. Da steht doch jemand, der regelrecht zur Kritik auffordert. Oder wenn ich an meine eigene religiöse Entwicklung denke: Das Zweite Vatikanische Konzil und Johannes XXIII. haben dafür eine überragende Rolle gespielt. Es geht ja darum, Glauben zeitgemäß zu machen. Kultivierter Streit, das war für mich damals die Botschaft: Ecclesia semper reformanda. Die Kirche kann nur stark und mitten in der Gesellschaft präsent sein, wenn sie auch die Herausforderungen der Zeit erkennt und annimmt. Stattdessen wird Kritik wieder viel zu schnell als Illoyalität oder gar als Ungehorsam verstanden – diese alte Tradition ist wieder da: Wir verkünden, ihr gehorcht. Da steht die Kirche an einer für mich ganz entscheidenden Weiche. Will sie, dass wir gehorchen, oder will sie uns überzeugen?

Sie haben den Papst mehrfach getroffen. Haben Sie dabei Gelegenheit gehabt, ihm Ihre Überlegungen mitzuteilen?

Ich habe als Ministerpräsident mit ihm gesprochen, nicht als Katholik.

Was halten Sie von seinen Vorstellungen einer Entweltlichung der Kirche?

Seine Freiburger Rede zu dieser Thematik wird sehr unterschiedlich interpretiert. Ein Rückzug der Kirche zu sich selbst würde letzten Endes dazu führen, dass sie von der Welt vielleicht noch wahrgenommen, aber nicht mehr verstanden würde. Und wie könnte sie dann ihrem Auftrag gerecht werden, das Evangelium zu verkünden? Kirche muss sich stellen, auch und gerade ihren Kritikern. Solange sie die hat, am besten scharfe Kritiker und witzige Spötter, kann sie froh und dankbar sein. Wie schlimm wäre es, wenn sich niemand mehr um sie kümmerte und den Leuten alles egal wäre, was mit Kirche zu tun hat! Ich verstehe nicht, dass dieses Potenzial nicht genutzt und gehegt und gepflegt wird. Ich sehe das auch an mir selbst. Eigentlich fühle ich mich in meiner Kirche gut beheimatet, aber dieser autoritäre Zentralismus beispielsweise regt mich auf, weil er Glaube behindert. Ich verstehe mich als ökumenischer Christ, der in manchem der evangelischen Kirche näher steht als seiner eigenen. Wenn wir das Beste aus den getrennten Kirchen zusammenführen, die Spiritualität der orthodoxen Kirchen, die Universalität der Katholiken und das Reformatorische der evangelischen Kirche, als Einheit in versöhnter Verschiedenheit, dann wird die Christenheit neuen Schwung erhalten, davon bin ich tief überzeugt.

Vor vielen Jahren war bei Ihnen die Aufregung so groß, dass es zum Bruch mit der Kirche kam.

Ende der Sechziger Jahre, als Student, bin ich ausgetreten. Im katholischen Internat hatte ich autoritäres Gehabe erlebt, aber auch Zwang und Gehorsamsideologie, bis hin zu Schlägen. Das war damals die schlimmste Zeit meines Lebens. Aber ich habe die Brücken nie eingerissen, weder zum Glauben noch zur Kirche. Ich trenne zwischen beiden nicht. Und Gott hat mich immer bewegt. Die Brücken waren für mich in dieser Zeit Kirchenmusik und Kunst. Und wenn man dann wieder zurückkehrt, wie ich, dann weiß man, was man tut. Ich habe meinen Frieden mit dieser Institution Kirche gemacht. Die hat mehr als eine Milliarde Mitglieder, da gibt es logischerweise alles, was man sich nur vorstellen kann. Dennoch braucht man als Mitglied dieser Institution gelegentlich eine ordentliche Portion Humor, sonst könnte man manches kaum aushalten. Aber es bleibt dabei: Ich verdanke der Kirche meinen Glauben. Sie ist das Gedächtnis des Evangeliums. Und auch wenn ich viele Dinge kritisch sehe, bilde ich mir nicht ein, alles besser zu wissen als der Papst oder die Bischöfe. Im Übrigen: Meine katholische Kirche wird Gott sei Dank evangelischer, und ich bin ein ökumenischer Christ, der in vielem, wie gesagt, der evangelischen Kirche näher steht als seiner eigenen – und dennoch keine Lust zum Übertritt verspürt.

Und der sagt, dass die Schrift beim Sanieren eines Etats nicht hilft – im Alltagsgeschäft aber schon?

Im Alltagsgeschäft nicht, aber bei den Grundüberzeugungen und den Grundlinien des politischen Handelns. Der Fremde ist der Nächste, das sagt uns das Gleichnis vom barmherzigen Samariter. Kann die christliche Botschaft aktueller sein?

Wir müssen noch auf die Frage vom Anfang zurückkommen: Wenn Sie sagen, die Menschheit sei aus dem Paradies vertrieben worden – glauben Sie das tatsächlich oder ist das nur eine übersetzungsbedürftige Parabel?

Die Geschichte ist weder real noch ist sie nur eine Parabel. Sie ist eine ontologische, eine existenzielle Aussage über den Menschen. Im Reich der Fülle können wir nicht frei sein, weil wir nicht entscheiden müssen. Nur Knappheit macht frei, ganz entscheidend die an Lebenszeit. Aber weil die Sehnsucht nach dem Paradies, der Fülle, geblieben ist, streben wir danach. Und in diesem Streben erwächst dem Menschen Sinn.

Kapitel XVII

Wo Helmut Schmidt falsch liegt, wer sich was leistet und wofür Politiker belohnt werden

Herr Ministerpräsident, es ist ziemlich ungewöhnlich, dass ein deutscher Politiker sein politisches Handeln immer wieder unterfüttert durch ein öffentliches Philosophieren. Wie viel Raum lässt Ihnen der Alltag noch, auf diesem Feld kreativ zu bleiben? Oder sogar der Gefahr der ständigen Wiederholung zu entgehen?

Den Raum muss man sich schaffen. Einfach ist das nicht. Aber es ist unumgänglich, zu versuchen, an den Kern von Themen heranzukommen. Wenn wir uns aus der Philosophie keine Orientierung für die Politik holen, woher dann? Dauernd wird von Werten geredet: Aber Werte sind nur Werte, wenn etwas Unbedingtes in ihnen steckt, wenn es Imperative für unser *Handeln* sind. Wie soll das ohne Ethik gehen, und wozu wäre sie sonst da? Dass wir es dagegen für den Normalfall halten, dass Politiker alles und jedes ökonomisch begründen, ist vielleicht gerade das Problem der Politik. Beispiel Atomenergie: Ich bin nicht Ministerpräsident, weil es Fukushima gab, sondern weil es einen Unterschied macht, ob man durch Nachdenken zu einer Forderung, zu einem großen Ziel kommt, oder lediglich als Reaktion auf eine große Katastrophe, durch die man sich eines Besseren belehren lassen muss. Diese Weitsicht von uns Grünen haben die Menschen in Baden-Württemberg belohnt. Visionen sind unabdingbarer Bestandteil des politischen Denkens. Auch Visionen verhelfen zu Vertrauen. Ohne über drei Jahrzehnte Kämpfe und Vorarbeit – und leider auch einige Katastrophen – wäre es nie zu diesem Konsensbeschluss Atomausstieg gekommen. Das ist ein epochales Ereignis. Und dann müssen sich Grüne in Interviews fragen lassen, ob sie nicht unzufrieden sein müssen, weil ihnen dieses Thema abhanden gekommen ist! Einen größeren Unsinn gibt es kaum.

Helmut Schmidt, das Zitat ist ja hinlänglich bekannt, hat gesagt: Wer Visionen hat, gehört zum Arzt.

Da hat Helmut Schmidt Visionen mit Halluzinationen verwechselt. Wer keine Visionen hat, der weiß nicht, wohin er will. Niemand kann Politikern empfehlen, sich nur von Visionen leiten zu lassen. Und natürlich wird aus gut gemeint nicht immer gut. Aber ohne große Ziele? Der Philosoph Paul Feyerabend hat berechnet, was die Mondlandung gekostet hat. Das waren sehr, sehr viele Milliarden. Wofür?, fragt er, um auf totem Fels herumzutappen? Und dann wird er scharf. Das geht sicher zu weit. Aber dieses wofür ist ein großes Wort, das einen immer an die Kraft einer großen Idee erinnert.

Sie haben die Idee, zu Lösungen zu kommen durch Ausgleich und Verhandlungen, durch die Kraft der Argumente. Dafür haben Sie, zum Beispiel beim Thema Länderfinanzausgleich, aber auch schon ganz schön Prügel bezogen.

Der Vorwurf heißt, ich verträte die Interessen des Landes nicht engagiert genug. Das ist doch ein Witz. Nur weil ich nicht mit großer Gebärde zum Bundesverfassungsgericht nach Karlsruhe renne. Ich schließe diese Klage nicht aus, aber ich will vorher die Verhandlungsmöglichkeiten ausreizen. Das Thema ist auch ein schönes Beispiel für die Herangehensweise an Politik. Man kann in jeder Rede Punkte machen, wenn man sagt, die Nehmerländer im Osten und im Norden leisten sich auf unsere Kosten Dinge, die wir uns nicht leisten. Und wenn man das noch mit griffigen Beispielen unterfüttert, die es jetzt unstrittig gibt, ist jeden Tag politischer Aschermittwoch. Aber was habe ich davon? Die Leute in den Nehmerländern sind sauer und sagen, wir wollten raus aus der Solidarität. Vielleicht, weil ihre Politiker ihnen das mit genauso griffigen Beispielen illustrieren. Ich habe dann keine Gesprächsbasis mehr, und die Politik gibt ihre Gestaltungskraft an das Bundesverfassungsgericht ab – mal wieder. Dann entscheiden die Richter. Und dann? Dann müssen wir uns wieder zusammensetzen und reden. Da ist es doch widersinnig, nicht gleich einen Einigungsversuch am Verhandlungstisch zu unternehmen, solange es dafür eine Chance gibt.

Widersinnig ist aber auch das ganze System.

Stimmt. Die Bayern zahlen mit rund 3,5 Milliarden Euro jedes Jahr über die Hälfte. Wir zahlen rund 1,5 Milliarden Euro. Das kann so nicht weitergehen. Vor allem, weil das Ganze auch noch anreiz- und leistungsfeindlich ist. Wer mehr Steuern einnimmt, hat nichts davon. Die

Geber und die Nehmer nicht, das ist nicht fair – für beide nicht.

Wann sind Sie mit Ihrer Geduld am Ende?

Wie gesagt, ich schließe eine Klage ja nicht aus. Aber das geltende System läuft ohnehin nur noch bis 2019 – warum also sich jetzt nicht die Zeit für Gespräche nehmen? Ich will Baden-Württembergs Rolle nicht überbewerten. Aber die alte Schlachtordnung Schwarz gegen Rot, die einen sind die Reichen, die anderen sind die Armen, die stimmt ja nun nicht mehr, damit ist es vorbei. Ich versuche, eine Brücke zu bauen. Betreten müssen diese Brücke aber auch die anderen.

Der Brückenbauer Kretschmann hat auch eine neue, gewissermaßen parteiübergreifende Debatte angestoßen für die Suche nach einem Endlager für Atommüll. Wie könnte da am Ende eine faire Entscheidung aussehen?

Es muss eine sein, die sich ganz allein an streng wissenschaftlichen Kriterien ausrichtet. Da geht es um eine Infrastrukturentscheidung von enormer Bedeutung. Und sie muss im nationalen Konsens fallen. Da sind Wettbewerbsföderalismus oder Wettbewerbsdemokratie nicht gefragt. Ich konnte übrigens diesen neuen Suchlauf nur anstoßen, weil der Atomausstieg beschlossene Sache ist. Ich bekomme immer viel Applaus, wenn ich sage, in 40 oder 50 Jahren oder noch früher, wenn die heutige Generation von Windrädern technisch überholt ist, dann bauen wir sie ab und recyceln sie. Den Atommüll müssen wir aber hunderttausend Jahre sicher lagern! Das sind unbegreifliche Dimensionen. Ein Endlager für hoch radioaktive Abfälle ist den in der Nähe lebenden Menschen überhaupt nur dann zuzumuten, wenn wir ihnen aufgrund des Atomausstiegs sicher sagen können, dass von einem bestimmten Datum an kein weiterer Atommüll mehr angeliefert wird. Und wenn es der sicherste Standard ist, den die Wissenschaft nach von ihr entwickelten und von der Politik im Konsens anerkannten Kriterien findet.

Aber auch dann wird die Aufregung in der betroffenen Region gewaltig sein. Das wird eine Herausforderung für die Politik des Gehörtwerdens ...

Für diese Aufregung muss ja jeder Verständnis haben. Deshalb ist die Transparenz im Verfahren auch von einer derart zentralen Bedeutung. Klare Kriterien, keine Entscheidungen im Hinterzimmer. Mir ist natürlich klar, dass da die Dimensionen höchst unterschiedlich sind – trotzdem will ich auf ein Beispiel für Bürgerbeteiligung hinweisen, das wir in Baden-Württemberg schon sehr erfolgreich praktizieren. Wir haben im Land die Systematik von Straßenbauentscheidungen umgestellt ...

... und schon damit für landesweite Aufregung gesorgt.

Bis die Herangehensweise begriffen wurde. Heute bekomme ich auf Veranstaltungen jede Menge Lob dafür.

Vornehmlich in den Regionen, in denen noch neue Straßen gebaut werden?

Keineswegs. Wir haben nachvollziehbare Kriterien erarbeitet und uns dann für 20 Projekte im Bundesstraßenbau entschieden. Das ging gar nicht anders, weil wir viel zu wenige Mittel vom Bund bekommen. Ich will qualifiziert streiten, statt dass wir uns unqualifiziert in den Haaren liegen.

Das Vorurteil, dass die Grünen ohnehin auto- und deshalb straßenbaufeindlich sind, haben Sie trotzdem bedient.

Natürlich höre ich auch das bei Veranstaltungen. Ich bekomme aber auch viel Zustimmung, wenn ich sage, der Bundesverkehrsminister möge uns doch mehr Geld geben. Und dann wiederlege ich dieses Vorurteil. Es ist Quatsch, dass wir keine Straßen bauen wollen. Wir haben aber aufgeräumt mit diesem System undurchsichtiger Zusagen. Alle Betroffenen, alle Kritiker, auch jene, die zuerst einmal leer ausgegangen sind, aber schon seit 20 Jahren auf ihre Umgehungsstraße warten, können diesen Kriterienkatalog zur Hand nehmen. Ich verstehe den Ärger, aber wir haben eben nicht genug Geld. Deshalb – und so schließt sich der Kreis – bin ich auch für die satellitengestützte Maut, die so ausgestaltet sein muss, dass sie Lenkungseffekte erzielt. Nicht weil ich Autofahrer ärgern will, sondern weil kaum etwas so sinnlos ist wie die Steherei im Dauerstau – und zwar ökologisch wie ökonomisch. Nur mit Lenkung und Vernetzung der Verkehrsträger können wir die bestehende Infrastruktur besser machen.

Was ist jenseits solcher konkreten politischen Sachfragen das zentrale Thema, um das Ihre Gedanken kreisen?

Wie Vertrauen in die Demokratie entsteht und erhalten werden kann. Die Leute denken: Der ist Ministerpräsident und hat jetzt viel Macht. Das stimmt auch in gewisser Weise. Aber immer nur so lange, wie die Menschen mir folgen. Meine Erfahrung sagt, dass man in der Politik nicht belohnt wird für das Gute, das man getan hat, sondern für das Gute, das man verspricht. Welche Versprechen wir glaubwürdigerweise machen können, das ist eine der Fragen, wenn es um Vertrauen geht.

Kapitel XVIII

Über Piraten und Die Linke, die Jahrhundertidee der Grünen und warum Schwarz-Grün nicht mehr so attraktiv ist

Nicht nur, aber insbesondere von Nichtwählern wird immer wieder behauptet – und damit das Nichtwählen begründet –, die Parteien seien ja doch alle gleich.

Das stimmt natürlich überhaupt nicht. Diese Haltung entsteht aus völlig überhöhten und unerfüllbaren Ansprüchen einerseits und Maßstäben von Gerechtigkeit, die aus der eigenen Befindlichkeit erwachsen. Dann erscheinen die Unterschiede zwischen den Parteien vernachlässigbar.

Und die entgegengesetzte Klage über Parteien und Politiker heißt: Die streiten ja immer nur.

Wir leben in einer Konkurrenzdemokratie, da ist es unsinnig, politische Auseinandersetzungen immer als Streit zu diffamieren. Wenn wir uns nicht mehr auseinandersetzen, werden die Unterschiede irgendwann nicht mehr wahrgenommen. Das bringt uns nicht weiter – schon gar nicht am Wahltag.

Wie wäre es zu erreichen, dass sich wieder mehr Menschen an diesen Wahltagen zu den Urnen aufmachen?

Unter anderem, indem die Menschen nicht immer nur Ansprüche an Politik und Politiker richten, sondern auch an sich selbst. Selbst wenn man von der Politik nicht so wahnsinnig viel hält, und das muss ja niemand, könnte man sich dennoch einigermaßen informieren und zur Wahl gehen. Der Aufwand ist doch wirklich überschaubar. Mit anderen Entscheidungen machen sie sich ja auch Mühe, zum Beispiel wenn es um Anschaffungen geht, wo mit Hingabe und aufwändig nach dem Optimalen gesucht wird. Das kritisiere ich nicht. Aber dieses Verhalten und diese Fähigkeiten könnten am Wahlsonntag auch der Politik zugutekommen oder richtiger: dem Gemeinwesen insgesamt.

Interesse und Leidenschaft werden bei den meisten Bürgern von anderen Dingen geweckt als von der Politik.

Einen Eindruck von der Bedeutung der Leidenschaft kann nur vermitteln, wer selber leidenschaftlich ist. Ich finde, das trifft auf viele Politiker durchaus zu. Außerdem gibt es noch einen ganz einfachen Ausweg für Unzufriedene, um das Wort von der Politikverdrossenheit zu vermeiden. Wer in uns nur Flaschen sieht und in den bestehenden Parteien nur Kruscht, der möge doch selber aufbrechen zu neuen Ufern. Schon allein der Gedanke daran könnte den Blick schärfen. Ehe das jetzt abgetan wird als unrealistisch: Das ist die Geschichte der Piraten. Egal wie man im Einzelnen zu ihnen steht und was auf längere Sicht aus ihnen wird: Sie haben bewiesen, dass es geht. Nicht einfach immer nur Ansprüche anmelden, sondern selber erfüllen. Wir Grüne haben uns dank dieser Haltung etabliert und dank dieser großen Idee der Nachhaltigkeit.

Und leiden jetzt mächtig unter der Konkurrenz durch die Piraten.

Der große Unterschied ist: Wir hatten diese tragende neue Idee, die Idee der Nachhaltigkeit. So etwas kann ich bei den Piraten nicht erkennen. Und das, was programmatisch erkennbar ist, finde ich einerseits zu schmal und andererseits nicht besonders erstrebenswert. Die Einsicht, dass es keine Freiheit ohne Verantwortung geben darf, gilt auch fürs Netz. Ebenso gilt es, das Thema Menschenwürde zu berücksichtigen. Es kann doch nicht sein, dass da jeder anonym auf den anderen eindreschen darf. Und deshalb müssen wir da regulierend eingreifen. Das muss man ganz klar sagen, auch wenn das so manchem in der Netzgemeinde nicht gefällt. Und die Piraten machen noch zwei weitere Fehler: Sie tun so, als erschöpfe sich Politik schon im Methodischen, im Prozessualen. Das ist ein unpolitischer Irrtum. Und manchmal habe ich zudem den Eindruck, sie glaubten, Geld wachse auf den Bäumen.

Aber zu den Kindertagen der Grünen gibt es unübersehbare Parallelen.

Wenn man die Protestformen sieht, die Aufmüpfigkeit, auch den Versuch, aus Unprofessionalität eine Tugend zu machen, gibt es die bestimmt. Das haben wir ja auch versucht. Ich erinnere nur an das Rotationsprinzip, nach dem Abgeordnete, kaum hatten sie sich eingearbeitet, wieder aus den Parlamenten ausscheiden mussten. Heute besteht bei uns längst Einigkeit, dass das wenig erfolgreiche und wenig sinnvolle Erfindungen waren.

Da wir gerade beim Konkurrentenbashing sind: Wie denkt Winfried Kretschmann über die Partei Die Linke?

Nicht einmal die hatte bei ihrem Start eine neue Idee. Sie ist eine radikalisierte Form der Sozialdemokratie. Man könnte lange darüber sinnieren, warum sie anfangs so stark war und warum sie jetzt wieder schrumpft. Mit einer tragenden Idee hat das alles nichts zu tun. Wir hatten und vor allem wir haben diese Idee. Anders ist ja auch nicht zu erklären, dass wir so viel überstanden haben. Das Unprofessionelle, das Unausgegorene, dass wir uns auf Parteitagen gestritten haben wie die Kesselflicker – das hat uns alles nicht umgebracht, denn wir hatten diese Idee, die eine Jahrhundertidee ist.

Üblicherweise gelten Sie als ein ziemlich untypischer Grüner.

Auch so ein Klischee, und obendrein ein falsches. Wie soll denn ein Außerirdischer an die Spitze der Grünen kommen? Ich hatte heftige Konflikte mit meiner Partei und die auch mit mir. Aber immer war uns das Bewusstsein gemeinsam, dass unser Lebensmodell zu Lasten des Planeten geht und es so nicht weitergehen kann, dass Ökologie und Ökonomie zusammengehören. Ich bin ein ganz richtiger Grüner, wir sind das beide, die Partei und ich. Wir sind nur vielleicht ein bisschen anders, als sich das so manche vorstellen. Zum Beispiel diejenigen, die im Atomausstieg allen Ernstes einen Schaden für uns zu erkennen meinen. Wer Politik so versteht, hat wenig verstanden.

Einer der Grün-internen Dauerkonflikte dreht sich um die Ausrichtung und damit auch um die Koalitionsfrage. Heute ist Winfried Kretschmann, der ja immer mit der CDU als Koalitionspartner geliebäugelt hat, im Land ein überzeugter Grün-Roter und mit Blick auf die nächste Bundestagswahl ein Rot-Grüner. Wie das?

Ich bin für 2013 ein ganz klarer Befürworter einer kompletten Ablösung der bestehenden Regierung. Das ist ja auch nicht von ungefähr der Normalfall in der Demokratie. Wenn die Wählerschaft das mehrheitlich genauso sieht, dann werden wir das so machen. Und wenn es rechnerisch nicht reicht für Rot und Grün, dann gilt der Satz: Ich bin kein Vertreter irgendeiner Ausschließeritis. Vielleicht muss man dann über Konstellationen reden, die man eigentlich nicht will. Und natürlich sind wir mit der Union gesprächsfähig. Es gibt ja seit dem Atomkonsens keine unüberbrückbare Hürde mehr. Aber das klare Ziel bleibt Rot-Grün.

Das klang früher schon mal anders bei Ihnen. Was ist, was war falsch an Schwarz-Grün?

Hätte Günther Oettinger 2006 entschlossener agiert, wäre Baden-Württemberg vielleicht das erste schwarzgrün regierte Land geworden. Allerdings stand damals noch das große Thema Atomkraft zwischen uns. Dass das mittlerweile abgeräumt ist, beseitigt ein großes Stück von dem, was uns trennt. Aber ich will Ihnen den Grund verraten, warum ich früher so argumentiert habe: Ich habe mich immer ernsthaft mit Schwarz-Grün befasst, weil ich wollte, dass das Ökologische über eine wirtschaftsnahe Partei wie die CDU ins Zentrum unserer Wirtschaft transportiert wird. Heute erlebe ich aber, dass große Teile der Wirtschaft in diesem Zusammenhang weiter sind als die CDU. Hinzu kommt, dass die Union mir in vielen Fragen ziemlich orientierungslos erscheint. Auf vielen Politikfeldern ist sie bloß damit beschäftigt, Altlasten zu entsorgen, also die Positionen von gestern irgendwie zu begradigen. Neuland betritt sie so gut wie nirgends mehr. Wie im Brennglas wird das bei uns in Baden-Württemberg deutlich, weil sie hier so lange regiert hat.

Zum Beispiel?

Ich habe hier im Staatsministerium 150 Vertreter des Christopher Street Day empfangen. Die haben sich sehr gefreut, und ich habe mich auch gefreut, weil es so etwas noch nie gab bei uns. Es war ein richtiges Fest im Park, vor dem Staatsministerium war die Regenbogenfahne gehisst. Es war ein Fest mit Botschaften. Wir haben schwule und lesbische Paare im öffentlichen Dienst gleichgestellt. Baden-Württemberg, das moderne Baden-Württemberg, war das letzte Bundesland, in dem Trauungen irgendwo in einem schmucklosen grauen Büro stattfanden und nicht auf dem Standesamt. Dafür waren aber die Gebühren höher. Diese subtile Diskriminierung haben wir abgestellt. Und wir werden einen landesweiten Aktionsplan gegen Homophobie in allen Bereichen verabschieden. Ein gutes Dutzend Unionspolitiker hat jetzt öffentlich für mehr Gleichstellung geworben – aber eben nicht als Vorreiter, sondern als Nachbeter. Oder nehmen Sie die jahrelange Einwanderungsdebatte. Wir sind ein Einwanderungsland, und wir haben Einwanderern so viel zu verdanken. Sie arbeiten hier, sie haben Unternehmen gegründet, sie schaffen Arbeitsplätze, sie zahlen Steuern, sie nehmen am politischen und gesellschaftlichen Leben teil. Dennoch hat sich über Jahrzehnte unter CDU-geführten Landesregierungen keine wirkliche Willkommenskultur entwickelt. Man hätte schon viel früher sagen müssen: Unsere Herkunft mag verschieden sein, die Zukunft werden wir nur gemeinsam gestalten. Kurzum: Die Union sollte sich die Zeit nehmen, sich wirklich zu erneuern – und das geht am besten ohne die Last der Regierungsverantwortung.

Schöne Spitze, hintenrum und leicht vergiftet.

Oppositionsbänke sind hart und regen das Denken an. Ich weiß, wovon ich spreche. Und um nicht missverstanden zu werden: Da geht es nicht um Zustimmung zu unseren Positionen. Es wäre doch schlimm, wenn die CDUler beispielsweise zufrieden wären mit dem, was ich hier mache. Dann könnten sie auch gleich bei den Grünen eintreten. Was ist die Alternative, die sich die CDU für Baden-Württemberg vorstellt?

Kapitel XIX

Neuer Stil in der Politik, warum die Neoliberalen an die Macht kamen und Zachäus auf dem Baum

Sie haben die von Ihnen sogenannte Politik des Gehörtwerdens zum zentralen Thema Ihrer Regierung auserkoren. Es braucht keinerlei prophetisches Talent für die Vorhersage, dass Kritiker Ihnen am Ende bescheinigen werden, da sei außer heißer Luft nichts gewesen. Haben Sie einen Plan, wie Sie dem entgegenwirken können?

Erstens: Das müssen die Kritiker mit sich ausmachen, und die Wähler müssen entscheiden, ob sie dieser Kritik folgen wollen. Ansonsten heißt die Devise, zugegebenermaßen etwas pauschal: Wenn die Zivilgesellschaft auf Gesetzgebung und Agenden einer Regierung denselben Einfluss hat, wie starke Interessensvertretungen und Lobbys ihn schon lange haben, dann waren wir erfolgreich. Im Übrigen erlebe ich jetzt Oppositionsabgeordnete, die mir bei Landtagsdebatten „Gehörtwerden, Gehörtwerden!" entgegenrufen und meinen, nur wenn ihr Einfluss irgendwie zum Tragen kommt oder ihre Einwände, dann stimmt die Richtung. Das ist eben ein großes Missverständnis. Bisher war es doch bei Beteiligungsverfahren so: Der Bürger macht eine Eingabe, dann erhält er einen Bescheid. Damit muss man radikal brechen, und damit breche ich radikal. Schlichtung und Faktencheck zu Stuttgart 21 waren die Blaupause. So etwas muss künftig zu Beginn des Prozesses stattfinden, ehe die grundlegenden Entscheidungen gefallen sind. Außerdem verspreche ich mir davon, dass ein Mehr an direkter Demokratie auf uns zurückwirkt. Müssen Volksvertreter nicht anders agieren, wenn das Volk Themen an sich ziehen und sogar entscheiden kann? Ich bin ziemlich sicher, dass der Stil von Politik sich verändern wird. Allein schon im Umgang und in der Sprache, sodass nicht mehr nur Eingeweihte verfolgen können, worum es eigentlich geht.

Ein allerletztes Klischee: Winfried Kretschmann ist ein Politiker, der auch deswegen so beliebt ist, weil niemand „Politiksprech" von ihm fürchten muss.

Das müssen die beurteilen, mit denen ich rede. Was stimmt, ist, dass mir meine Erfahrung als Lehrer zugutekommt.

So mancher Politiker war Lehrer in seinem früheren Leben. Wäre das als Erklärung ausreichend, gäbe es wahrscheinlich weniger Unzufriedenheit mit Politikerreden.

Ich bleibe dennoch dabei. Wer einen guten Unterricht halten möchte, muss darauf achten, dass ihn die Schüler und Schülerinnen verstehen. Oder ich gehe noch einen Schritt zurück: Man muss einen guten Unterricht halten *wollen*. Es gehört nicht zu meinem Menschenbild, dass Menschen ihre Leistung egal ist, dass sie gar nicht interessiert, was sie abliefern. Unterstellt man also – um bei Lehrkräften zu bleiben und Politikerschelte zu vermeiden –, dass die allermeisten einen guten Unterricht halten wollen, bleibt ja nichts anderes übrig, als zu überlegen, wie das geht, und an sich zu arbeiten. Irgendwann ist mir das in Fleisch und Blut übergegangen. Die allererste Grundlage jeder Kommunikation ist doch, dass wir uns verstehen – die Eltern die Kinder und umgekehrt. Dass wir uns verstehen, ist aber auch die allererste Grundlage von Politik. Meine Mitarbeiter können ein Lied davon singen, wie wichtig mir Verständlichkeit ist, ob in Reden oder in Pressemitteilungen. Ich lege großen Wert darauf, mir den Blick auf die Sprache und die Möglichkeiten derer zu erhalten, die sich Politik nicht zum Lebensmittelpunkt gemacht haben. Denn die müssen wir erreichen.

Was wollen die, die Sie erreichen möchten, am häufigsten von Ihnen wissen?

(lacht) Ich werde dauernd gefragt, ob mir Politik Spaß macht. Ich möchte niemanden vor den Kopf stoßen, aber wer diese Frage beantwortet, hat schon verloren. Es macht nicht alles Spaß im Leben, im Beruf, in der Familie, nicht einmal in der Freizeit. Deshalb bin ich auch kein Anhänger der Spaßgesellschaft. Ich kann mit dieser Frage eigentlich nur etwas anfangen, um an ihr exemplarisch die Gefährlichkeit solcher Fragen zu erläutern. Denn wenn ich Ja sage, rücke ich mich in die Nähe der Spaßgesellschaft. Ein Nein lässt mich freudlos erscheinen und humorlos, und jeder fragt sich, warum macht er es dann, es hat ihn doch niemand dazu gezwungen. Deshalb sage ich: Politik macht keinen Spaß, sondern Politik macht Sinn. Es macht Sinn, sich zu engagieren, weil wir damit etwas bewirken in der Welt. Deshalb ist mehr Politik nötig, selbst wenn sie keinen Spaß macht.

Oh je, werden da jetzt viele sagen, noch mehr Politik?

Und denen erwidere ich: Die Politik muss doch die Chinesen dazu bringen, dass sie sich an das internationale Patentrecht halten. Die Märkte können das nicht. Oder: Nur Politik kann Europa weiterentwickeln.

Jetzt haben Sie die traditionelle Politik im Blick, also die von oben nach unten, die ja unbestritten notwendig ist, aber nicht sehr populär.

Auch diese Politik ist auf Menschen angewiesen, die ihr folgen. Die SED hat so viel Fürchterliches getan, um so viel wie möglich über die Bürger in Erfahrung zu bringen, sie konnte deshalb auch mit vielem rechnen. Und hat dann doch nicht vorausgesehen, dass Menschen massenhaft in die Kirche gehen, versammelt hinter einer Idee, und dann zu Zehntausenden mit Kerzen herauskommen. Dazu gehört Mut, aber auch Vertrauen zu sich selbst. Und es hat Folgen, und natürlich nicht immer nur gute – nehmen wir die Phase des Neoliberalismus: Niemand hat seinerzeit die Menschen gezwungen, Reagan oder Thatcher zu wählen. Für mich hat das eine gravierende Fehlentwicklung eingeleitet. Aber da war nichts mit von oben nach unten, sondern eine Mehrheit der Wähler hat das entschieden. Und wir haben ein Stück des Primats der Politik abgeben müssen. Was das bedeutet, sehen wir spätestens seit der Finanzmarktkrise.

Und jetzt muss die Politik sich diese Gestaltungsmacht mühsam zurückerobern. Wir brauchen aktive Minderheiten auch deshalb, um solche Mehrheiten zu verändern.

Ein Klartext redender Winfried Kretschmann legt sich mit dem Publikum an. Das steht normalerweise auf dem Index in diesem unserem Lande.

Das ist der Blick auf die Realität. Es musste auch niemand sein Geld dort anlegen, wo die höchsten Renditen versprochen wurden. Mit diesem Verhalten brauchen wir auf die nächste Krise nicht lange zu warten. In so vielen Ländern in Europa versprechen Populisten Unerfüllbares, und sie werden gewählt. 20 Prozent gab es zuletzt für die Rechtsextremisten in Frankreich. Wenn die Politik an Kraft verliert, weil sich die Märkte bestimmter Felder bemächtigen können oder wenn die Probleme so kompliziert werden, dass niemand mehr durchblickt, dann kommen die mit den ganz einfachen Botschaften. Für mich schließt sich da der Kreis der Gedanken, die mein Handeln bestimmen. Wir müssen neues Vertrauen schaffen, wir müssen Politik neu verstehen und vermitteln. Dazu gehören offener Widerspruch und Streit sowie mehr Bürgerbeteiligung. Dann hat sie größere Chancen als jemals zuvor.

Der „Spiegel" hat mit Blick auf diejenigen, die Montag für Montag gegen Stuttgart 21 auf die Straße gingen, das Wort „Wutbürger" erfunden. Mittlerweile hat es im deutschen Sprachschatz seinen festen Platz. Wie gefällt Ihnen das?

Ein verkehrtes Wort. Protest ist der Normalfall in einer entwickelten Demokratie. Darüber müssen wir uns nicht empören. Eine skeptische Beurteilung von Vorgängen und Sachverhalten gehört zum Kernbestand unserer Zivilisation seit Sokrates. Wir werden auch in den Bürgerbeteiligungsverfahren, die wir anstreben, erleben, dass Dinge unterschiedlich beurteilt werden. Aber das darf doch niemand denunzieren. Ebenso wenig wie Lüge und Wahrheit die richtigen Kategorien im Diskurs sind.

Außer wenn tatsächlich gelogen wird. Warum sollte Lüge nicht Lüge genannt werden dürfen?

Sie spielen wieder auf Stuttgart 21 an. Vielleicht leuchtet wenigstens dieses Argument ein: Wenn der Nachweis der Lüge so einfach zu führen gewesen wäre, hätten wir beim Volksentscheid einen Kantersieg einfahren müssen. Haben wir aber nicht. Die Leute haben doch nicht aus Jux gegen uns gestimmt, sondern weil wir sie mit unseren Argumenten nicht überzeugen konnten. Das ist auszuhalten, wenn es nicht um Lüge und Wahrheit geht, aber das hatten wir schon. Dass es da Tricks gibt, dass ich unterschiedlich gewichten kann ...

... verpacken oder aufbauschen ...

... das weiß ich auch. Und das müssen wir uns in künftigen Beteiligungsverfahren auch vor Augen halten. Wenn Prozesse aber rechtzeitig in Gang gesetzt und die Konflikte nicht über Gebühr aufgeladen werden, besteht doch die Chance, Dinge gemeinsam zu erarbeiten. Wir haben bei Stuttgart 21 auch mit Empirie, mit Vergleichen gearbeitet, und trotzdem ist fast alles bis zuletzt umstritten geblieben. Auch die Praktiken der Bahn, zum Beispiel bei der Berechnung der Kosten, wurden am Ende noch kontrovers erörtert. Dieser Erkenntnis muss man sich stellen. So wie man scharf widersprechen muss, wenn es heißt, durch den Tiefbahnhof werde die Seele der Stadt zerstört. Wäre das so, befände ich mich ja sogleich in einem übergesetzlichen Notstand, in einer Situation von „Not kennt kein Gebot". Dahin dürfen wir natürlich niemals kommen, und das darf auch nicht das Ergebnis der Politik des Gehörtwerdens sein. Denn sonst ginge es doch ums Ganze! Aber diese Phase haben wir mit der Demokratie Gott sei Dank überwunden.

Da ist ein bisschen viel Beschwörung im Spiel, nach dem Motto „Was nicht sein darf, das nicht sein kann".

Wir haben Untersuchungsausschüsse, wir haben eine freie Presse. Und wir haben doch die Möglichkeit, innezuhalten und nachzudenken. Das ist ein in der Alltagspolitik selten gehörter Begriff – aber man kann auch einmal gnädig sein mit der Gegenseite oder nachsichtig, man kann auch verzeihen. Nicht einmal vorrangig, um einen Konflikt beizulegen, sondern auch, um ihn friedlich fortzusetzen.

Womit wir wieder beim Glauben ans Gute wären. Den wir selbstverständlich teilen.

Ja, auch wenn das zuweilen naiv klingt. Das will ich mir im Amt erhalten. Genauso wie die Chance, noch auf gute Ideen zu kommen.

Wie wollen Sie vorgehen?

Lesen – nicht nur Zeitungen, auch Bücher –, mit interessanten Menschen ohne Tagesordnung diskutieren und gelegentlich etwas tun, was zumindest ein wenig aus dem Rahmen fällt. Auch Predigen, zumal das zu den Klischees passt, die über mich herumgeistern. Ich habe in Schemmerhofen in der Nähe von Biberach über die Zachäus-Geschichte im Lukas-Evangelium gesprochen. Der war gewitzt und ist auf einen Baum geklettert, weil er Jesus sehen, aber auch selbst wahrgenommen werden wollte. Da sind mir manche Parallelen aufgegangen. Politiker reden mit der Bürgerschaft, um sich bemerkbar zu machen, und umgekehrt. Das darf aber nicht nur die Gewitzten erreichen. Meine Bürgerbeteiligungsideen taugen nur, wenn sie auch an die Stillen im Lande herankommen.

Sie geraten sichtlich ins Schwärmen, und das ist selten.

In so einem Gleichnis steckt eben so viel drin. Im griechischen Urtext fiel mir die Ähnlichkeit zweier Wörter auf: Der Baum, auf dem Zachäus sitzt, eine Sykomore, hat denselben Wortstamm wie das Verb betrügen. Jesus holt den Zöllner ja herunter von diesem Baum – ein metaphorisches Wortspiel im Urtext. Also habe ich über Wirtschafts- und Finanzkrise nachgedacht und meine

Rede geschrieben. Ich habe mir dafür vier oder fünf Stunden Zeit genommen und damit den Alltag unterbrochen. Schon das allein war wunderbar. Ich habe auf die Teilnahme an einer sehr bekannten Sonntagabend-Talkshow im Fernsehen verzichtet, obwohl es dort um Atomkraft und Energiewende ging. Denn die Einladung nach Schemmerhofen war früher gekommen, und an einer Kirche kann ja nicht ein Schild hängen: Der Ministerpräsident hat jetzt doch keine Zeit, er musste in eine Talk-Runde.

Hat er ja offenbar auch kaum.

Dann doch einmal Zeit zu haben, das ist inzwischen ein Luxus für mich. Für Menschen, die viel Zeit haben, aber keine Arbeit, besteht der Luxus in einem ordentlichen Job. Auch da sieht man, dass der Mensch fürs Glück nicht gemacht ist, weil jeder darunter etwas anderes versteht. Für mich ist Luxus, Zeit zu haben, in der ich keinen Zwängen ausgesetzt bin.

Und deshalb gehen wir jetzt.

Das war ja wie ein Marathon.

Sach- und Personenregister